王君
整本书阅读
十二讲

王君　著

CNS | 湖南人民出版社·长沙

目 录

序

这样的教研，让我们的生命成为一本厚重的书

王　君　孙秋备　吴凤云

一

一株会飞的木棉

一路言笑晏晏

巴山　燕山　西山　清澜山

是一棵会开花的树

选择海拔高度的飞行驿站

一粒种子边奔跑边呼吸

秀丽

一卷又一卷在课堂上出版

怀抱琵琶出塞

原来青春语文为了

和宇宙和亲

嫁给了无限江山

这首诗的作者是甘肃省酒泉中学的霍军老师。诗中那株会飞的木棉，就是王君老师——青春语文名师工作室的主持人。

青春语文名师工作室，是语文田野里最最草根的一个团队，虽然不到五岁，但筋骨强健，显现出一派昂扬向上的青春气象。五年来，工作室正式成员已经突破百人，工作室的两个核心公众号——“语文湿地”和“王君青春语文名师工作室”总关注人数达26万。

近五年来，从学术方面来说，青春语文名师工作室主要在做两件事情：

一是“青春语文”内涵的确定和拓宽。我们追求经由语言文字的学习探索生命幸福之道，我们追求打通教法和活法。我们开创了青春语文意义疗法。我们要经由语文，见自我，见天地，见众生。这些基本追求已经渐渐成为青春语文人的共识。

二是“青春课堂”内容的实施和落地。为了让更多的青春语文理念的实践者拿到课堂操作的抓手，我们在持续地进行“文本特质与课型创新”“群文教学视野下的文本特质与课型创新”“整本书阅读教学视野下的文本特质与课型创新”的研究。相关的成果，陆续收集在我已经出版的22部专著中。全国中文核心期刊《中学语文教学参考》（中旬刊）以“青春语文专栏”的形式持续推出，每年12期，已历时五年，产生了非常好的社会影响。

“聚焦”和“疗愈”是青春语文名师工作室的关键词，我们的研究、我们的生活也因此而欣欣向荣。

青春语文名师工作室微信公众号坚持推送高质量的教育教学文章，每天2～5篇，持续了五年，以后还将更好地进行下去。

青春语文名师工作室坚持在语文湿地教师成长学院推出个人系列

精品课程，打造草根教师的成长高地，至今已经累积近40期，帮助了近20位老师开始拥有自己个性鲜明的专业成长名片。

青春语文名师工作室坚持“我把我讲给你听”的个人专业成长大讲堂直播，至今已累积近40期，80多位草根教师的成长故事激励人心。

青春语文名师工作室坚持举行专业年会，成都、宜昌、温岭、东莞……天南海北，线上线下，每一届都掀起了全国语文人的思想狂欢。

青春语文名师工作室以清澜山为中心，辐射全国。青春语文人的教研足迹、支教足迹遍布全国。

青春语文名师工作室出版专著的老师越来越多。

青春语文人在自己的城市，自己的学校，大部分都已成长为专业骨干。

这些都不是最重要的。最重要的是，我们不断地创造着新的教研方式和新的生活方式。跨越地域，跨越时间，跨越年龄，跨越学段，跨越性别，跨越一切……因为语文，教科研成为联结志同道合的语文人的纽带，成为大家从自生长走向共生长的平台。于是，教研不再仅仅是学术行为，而成为语文人的共生形式。

五年来，在以中文核心期刊《中学语文教学参考》为平台的集体教研中，最有代表性的，是2019年的群文教学研究和2020年的整本书教学研究。

二

毋庸置疑，群文阅读已成为人们的生活化阅读，而群文教学也被正式纳入语文课程体系。2019年，青春语文名师工作室在王君老师的带领下，紧跟语文教研前沿，创建全新教研模式，以共研共生为宗旨，开展了12期“群文教学视野下的文本特质与课型创新研讨”网络沙龙。每期聚焦一个研讨专题，攻克一个教研难点。通过课例呈现、评课议课，我们清晰地展现了青春语文7种文本特质的群文教学的基础样貌；通过教研诊疗、磨课提升，我们敏锐地觉察出群文阅读课堂教学的种种弊病，并指明修正的理念和路径；通过教学设计思辨，我们的教研激发起群文教学探索的一股股热潮。以学生需要确定教学内容，融通文本，融通生活，成为青春语文人群文教学的鲜明特色。

这样的研讨，为个体和团队的成长不断赋能。近年来，我们青春语文工作室在群文教学研究中结出累累硕果。王君老师的《更美语文课——王君群文教学课例品读》呈现了15节群文教学经典案例，启发老师们打造有宽度有深度的语文课堂；周忠玉老师的《周忠玉青春语文古诗文教学实践13例》以灵动深邃的群诗教学，创新了教学方式，丰富了课堂审美和文化内涵；司艳平老师的《古诗文同质同人群文教学13例》以体悟同一诗人的创作特色和精神世界为旨归，帮助学生提升语言鉴赏力，细化对文化的传承和理解；孙秋备、卢望军等老师的群文教学专题网课也很受欢迎，好评如潮。

三

苏霍姆林斯基谈到教育与阅读的关系时说，只有激发学生去进行自我教育的教育才是真正的教育，而自我教育从读一本好书开始。整本书阅读是写进《义务教育语文课程标准》中的重要内容。2020年，继群文教学探究之后，王君老师带领青春语文名师工作室，正式进入了整本书阅读教学研讨，试图给处在迷茫中的一线语文教师开一剂良药，找一条经由阅读实现学生自我教育的路径。

这12期的研讨，继续以青春语文“文本特质与课型创新”思想为底层思维，辐射了整本书阅读如何选择“核心信息”和“远程信息”，如何选点聚焦，如何开发课型，如何培养学生思维，如何同书异构，如何疗愈学生心灵等问题。每一次研讨，每一个课例，都是在工作室老师不断思考、摸索、实践、总结中打磨而成的。所以，这一年的研讨，不仅对广大一线语文教师有所启迪和帮助，对工作室成员也有催发拔节式成长的功效。比如，孙秋备老师的《朝花夕拾》现场课获河南省创新教学大赛一等奖，主编的《名师解名著》（八年级卷）已由延边教育出版社出版发行；陈海亮老师的《思辨阅读，让整本书阅读走向深度》获温岭市教学论文评比一等奖，专著《语文教学不难》已由中国国际广播出版社出版；夏海芹老师的《骆驼祥子》系列解读文章分别发表在《快乐作文》《中学语文教学参考》《语言文字报》等期刊上；史丽芬老师和俞春霞老师在语文湿地教师成长学院开设了名著教学微课程；王俊芳老师开设的《西游记》导读课获得镇江市优课称号。

其中，河北的吴凤云老师在整本书阅读教学中成绩卓著。她设计了大量的整本书教学案例，撰写了很多相关的教学论文，参与了每一期的研讨。在“整本书阅读教学视野下的文本特质与课型创新”最后一期研讨中，我们以“整本书阅读教学与乡村教师突围”为题，展示了凤云老师的研究成果和成长历程。我们觉得凤云老师的“突围”意义在于：突破了乡村教师不敢教整本书的思维之围，突破了中年女教师不能集中精力进行语文研究的角色之围，突破了安于现状、抵触成长、不敢创新的心理之围。正因如此，这位自命为“狗尾巴草”的乡村女教师在语文湿地教师成长学院开发出6期名著阅读课程，备受全国教育同人的喜爱；在《中国教育报》和统编教材名著编写组的网络平台上向全国的教育同人直播分享整本书阅读教学经验，从讷于言到发出自己独特而响亮的声音；也正因如此，凤云老师即将出版自己的专著《吴凤云乡村中学整本书阅读教学案例》，实现了乡村教师经由教研聚焦促成生命突围的壮举，实现了在平凡职业中提升生命尊严的逆袭!

当然，无论是单篇文本教学、群文阅读教学，还是整本书阅读教学、大单元教学，抑或是项目式教学，我们的探索之路都道阻且长。但工作室的成员相互砥砺，共同成长，我们已经把语文课堂变成了生命修行的场域。接下来，我们的研究会更聚焦，更实在，更灵活，更接地气，让更多的学生经由语文这扇窗瞭望到世界的辽远广阔，感受到生活的丰富美好，让更多的教师经由语文教学这盏灯照亮越来越多的学生的心灵疆域。

青春语文名师工作室成员的收获和成长，不仅仅是一系列荣誉，而且是在带领学生学习的过程中，在专注凝神的研究中，在看到孩子们被语文疗愈的笑脸时，他们抛弃了职业倦怠，拥有了成就感和幸福感。而这，正是一个个普通教师的生命幸福之道。

就是这样，走进工作室，你可以看见青春语文人气象万千的精神世界：我们把自己的身心安驻在祖国大地的一所所最普通的学校里，我们把自己的工作当事业，我们以自己的课堂为天堂，一个个平凡的生命，因为有了孜孜不倦的探索和创造，而拥有了属于个体的崇高感和壮美感。

就是这样，青春语文名师工作室的兄弟姐妹们站在大江南北，站立在祖国天南海北的校园中，用自己的课堂，诠释自己的人格；用自己的人格，诠释青春语文的集体人格；用青春语文的集体人格，诠释青春中国的集体人格。

在新中国成立70周年大庆的时候，青春语文名师工作室的新年祝词中，王君老师说：

青春中国，有海纳百川的心胸，

这就是青春语文人的集体人格之心胸。

青春中国，有有容乃大的格局，

这就是青春语文人的集体人格之格局。

青春中国，有愚公移山的精神，

这就是青春语文人的集体人格之精神。

青春中国，有三省吾身的能量，

这就是青春语文人的集体人格之能量。

青春中国，有泽被世界的情怀，

这就是青春语文人的集体人格之情怀。

…………

我们将永远和共和国共同成长！

祖国的语文教育事业，就是青春语文的事业！

青春语文名师工作室的兄弟姐妹们都越来越相信：无穷的远方，无穷的人们，都和我有关。

青春语文名师工作室，将继续担当社会责任，经由语文，见自我，见天地，见众生。

我们的梦想是：工作室的每一个兄弟姐妹的生命，都经由语文教研，变得更厚重、更优质，成为一本厚重的书，甚至成为世界名著。

为了梦想，我们将一直在路上。

谨以此为序。

2021年11月14日定稿于东莞松山湖

预备篇

如何才能
读透一本书

本期研讨者：青春语文名师工作室成员

王　君　吴凤云　陈海波

卢望军　司艳平　郑　丹

俞春霞　张　娟　杨晶晶

一

王　君：老师们，2020年，我们工作室的研究主题是整本书阅读教学。当我们谈论这个话题的时候，其实都很自信：我们语文老师自己，是会读书的，是已经具备了研究一本书的能力的。但其实我们很多老师除了教材教参，并不知道应该读哪些书。即使有了阅读目标，我们也很难把书真正读完读透，难以服务于教学、服务于学生。我们读书遇到的困难，探索整本书遇到的困难，并不比学生少。所以，我们先围绕“如何读透一本书”这个话题进行研讨，为正式开始整本书阅读教学研究做一个铺垫。本期有三个话题：第一，读透一本书的阅读储备。第二，读透一本书的思维方式准备。第三，从自己最精彩的整本书实操案例中提炼出实用的整本书阅读方法。

王　君：研究整本书，读透一本书，要做哪些阅读准备，这个话题太重要了！教师没有相应的阅读储备，是很难具备深度开发整本书的优质资源的能力的。有了高质量的阅读储备，才可能让我们有视野、有格局，才可能让我们在进行整本书研究的时候游刃有余。很多老师都会问：除了教材教参到底应该读哪些方面的书呢？哪些书给我们的滋养会相对快且多呢？在这个领域，陈海波老师是特别典型的，她的“海波式的阅读”是语文湿地的著名标签。先请海波老师来介绍一下她的阅读格局是如何形成的。

海　波：

“世间数百年旧家无非积德，天下第一件好事还是读书。”

书是人类文明的传递者，读书永远都是一副最美的姿态。

2018年，语文湿地的年会在浙江温岭召开，湿地的创办人尹东老师致开幕辞，他创作了一首小诗：

窗推两世界，
石凿一硐天。
山海藏一域，
良将亦守边。

尹老师解释“凿”字：是一种死磕到底的坚持，是一种以终为始的行动，是海波式的阅读，是王君式的写作，是一字立骨式的探索，是李刚式的小生活，是语文老师致力发展其核心素养的必备品格和关键能力。

感谢尹东老师给予我的巨大鼓励，这“海波式的阅读”的确给我的成长带来很多收获和启示。前几年，我给自己规定：每个月读八本书，两本专业书籍，其他的题材如哲学、美学等不限。不知不觉，几百本书读下来，二百多万字写下来，不仅增长了知识，开阔了视野，更改变了自我生命、生活的状态。

尼采认为，人的自我创造需要一个目标，这个目标高于人的自身：这就是人的自我超越性。越来越多的阅读，让自己越来越明晰了成长的方向，也不断超越着自我。以下是我根据这些年读书所作的建议：

首先，读改变思想的书，认清自我。

前些年，中国人民大学的哲学学者周濂写了一本畅销书——《你永远都无法叫醒一个装睡的人》。每个人的自我改善是改善这个世界的必由之路。从某种意义上说，“认清你自己”就显得尤为重要。所以，如何唤醒沉睡的自我永远是成长中最重要的事情。读别人的教育故事是唤醒自我最有力的途径。

比如读于漪老师的《岁月如歌》，你会学习她毫无自私自利之心去奉献的精神；读钱梦龙老师的《教师的价值》，你会情不自禁地为自己开辟一方小小的“精神自留地”；读《黄厚江讲语文》，你会想到要树立理想，站稳课堂，潜心读书； 读王君老师的《一路修行做老师》，你会不断地反思自我，收获力量，然后暗暗地、充满喜悦地开启自己的成长模式；读肖培东老师的《教育的美好姿态》，你会真切地感受到用心灵直抵心灵产生的共鸣，这种润物无声的觉醒，让语文的路上永远铺满了美好与纯净。

……

“世界上最大的监狱，是人的思维意识。”我们每个人都被自己的思维禁锢着，认知的局限圈住了我们的视野。读名师成长的故事，可以打开我们认知的牢笼，改变我们的思维方式，这样，我们的生命状态也许将会随之改变。

其次，读课堂教学及研究类的书，提升自我的专业能力。

黄厚江老师曾说过，“一个教师的尊严，一个教师的幸福，一个教师的价值，都来自课堂”“课上不好，不敢上课，不管发表了多少文章，不管名气有多大，也不是真正的特级教师”。课堂教学永远是教师专业成长的基石，永远是学校教育的生命线，是师生成长的主阵地。聚焦课堂教学，打造高效课堂，应该成为一个渴望成长的老师最终极的追求。上好课，站稳课堂，除了我们自己对教材教学的钻研之外，名师的课堂教学永远值得我们学习。

比如读《钱梦龙经典课例品读》，你就会多一份“课程意识”，它关系到整个教学活动的走向，决定着教学的成败；读《看得见成长的课堂》，你会学习黄厚江老师“在阅读中教阅读，在写作中教写作，用阅读教阅读，用写作教写作”的读写共生教学模式；读王君老师的《更美语文课——王君群文教学课例品读》《王君语文创新教学十一讲》等，你将会备受启发，收获不一样的课堂思考；读肖培东老师“浅浅地教语文”系列，你会学习他用一种最语文的方式教语文……

读这类书，就会想把自己养在课堂，磨在课堂，然后提炼出属于自己的教学思想和理念。

另外，要想在专业上有更大的提升，在研究课堂的同时，也要加大对专业知识的汲取，以厚实自己的专业素养。比如读潘新和教授的《语文：表现与存在》（上下卷4册）、施良方的《课程理论——课程的基础、原理与问题》、任遂虎的《文章学通论》等，会给我们增添一些教语文的底气。

最后，读文学、哲学、美学等，让自我走向通透融和。

在禅里面，有一种美丽的说法：当一个人活在尘世的时候，山脉是山脉，河流是河流；当一个人静心的时候，山脉便不再是山脉，河流也不再是河流；当一个人达到了开悟，达到了三摩地，河流又会是河流，山脉又会是山脉。

这跟我们读书成长有着相似的道理，当我们目标明确地去读专业类书籍的时候，这里有确定的自我，但如果只功利化地读这些书，或许读着读着，我们就会混沌。如果我们融合贴近心灵精神的文学、哲学、美学等书籍，我们就会凿通“天地人和”，进入一个通透的境界。

所以，我们需要文学，需要哲学，需要美学，需要心理学，广泛涉猎，博观而约取。这些专业之外的阅读，不仅可以放松我们的身心，抚慰我们的情绪，开阔我们的视野，还可以给我们提供新的角度去设计教学。

比如余秋雨的《中国文化课》《中国文脉》、蒋勋的“说文学”系列、木心的《文学回忆录》、冯友兰的《中国哲学简史》、潘知常的《中国美学精神》等，都读通了，就会有酣畅淋漓的感觉。

最好的阅读就是我们在书中照见了自我，平复了心绪，汲取了力量，改变了认知，从而更好地肩负责任，做一个有担当的社会人。

我想这也是我们为什么要读书的要义所在。

王　君：海波的阅读布局是非常大气的。除了海波，我相信我们每位老师都有自己的阅读爱好。现在请大家谈谈，这几年，哪一类的书对你的语文教学或整本书阅读教学，产生了重要的、独特的影响。

卢望军：我推荐的门类是美学。从读朱光潜的《谈美》开始，我读了李泽厚的《美的历程》、蒋勋的《美，看不见的竞争力》、孙绍振的《月迷津渡》、潘知常的《头顶的星空》等许多美学著作，目前打算读朱光潜的《西方美术史》。阅读美学，重构了我的语文教育观乃至人生观。基于美学的语文教育观有以下特点：

（1）多元。美学超越了善恶的二元对立，不以成败、身份、财富、宗教信仰等作为评价人的标准，可以引领我们走向理性、多元和温和。项羽在政治上是失败的，可在美学上他是成功的，是文学作品反复歌咏的美学典型。

（2）超功利。语文老师如果没有一点美学素养，其语文教育就会囿于分数等现实需要，而忽略了语文的首要任务是构建人的精神世界。读美学，能够使语文教师俯抱考试的大地的同时也不忘仰望精神的星空，使课堂经由语言抵达思维、审美，甚至文化的层面。

（3）和谐。和谐，并非整齐划一，而是不同部分彼此呼应。“不知细叶谁裁出，二月春风似剪刀”中“剪刀”能否换成“菜刀”？当然不行，这不仅关乎美感，也是中国文化从“裁”到“剪”的联想习惯，是古典诗词既有来路又有去处的创作传统的体现。基于美学的语文教育，没有孤立的条分缕析，而是各部分的同频共振。

司艳平：我推荐历史方面的书籍。常言说，文史不分家，文学源于历史，同时加入了作者的情感因素和价值观。对于一个成熟的语文老师来说，不但要将文学书籍读透，还要将文学放置在广阔的历史背景下，去触摸文人的情感脉搏与价值选择。

如若我们要深入理解作品的意旨，一定要读读作者传记。读李长之的《陶渊明传论》和《道教徒的诗人李白及其痛苦》，可以在人物经历中验证他们独立的思想；读方健的《范仲淹评传》，能帮助我们把握范仲淹理想高蹈的时代选择；读朱东润的《陆游传》，可深层感喟以梦为诗背后的执着与懦弱。

语文课植入历史的元素，可以让课堂宏阔。将文人、作品放置在广袤的历史长河里，可以让课堂的视野辽远，格局始大，真正实现由鲲到鹏的转化，寻求精神高远的课堂大境。

语文课植入历史的元素，可以计课堂厚重。一个时代有一个时代的性格，一个时代有一个时代的风貌。作者或者作品中的人物大都是时代先驱，若能在语文课堂中有序渗透时代特征，便能打通学生与文本的隔膜。广泛阅读历史方面的书籍，尤其是史传类的书目，能让我们见微知著、广泛勾连，使课堂思想日趋厚重，课堂建设日趋高瞻。

张　娟：我推荐的门类是古诗词。顾随、叶嘉莹师徒的集子是我的案头书，常读的还有朱光潜的《诗论》、余恕诚的《唐诗风貌》、王崧舟和林志芳合著的《诗意语文课谱——王崧舟十年经典课堂实录与品悟》、董一菲的《自由呼吸的课堂——董一菲的语文教学艺术》、徐健顺的《吟诵概论》等。我打算再读一读闻一多的《唐诗杂论》，学一学“何妨一下楼”主人的精神。古诗词及其理论书籍的阅读使我身上浸润了古典光辉，我的古诗词的语文教育观豁然开朗：

（1）诵读吟唱：诵读，吟唱，耳濡目染，依声感发，长期坚持，便成了隐性知识，有利于语文核心素养的建构。

（2）兴发感动：这是我从叶嘉莹先生那里取来的真经。比如讲李白的《峨眉山月歌》时，就讲到这是诗人离家辞国对山川故土的直接感发。前两句，虽是眼前所见，却是宇宙恒常之所在。如果说还有些忧虑，也被后两句一扫而净，由物到人，完全一副奔赴的超拔。

（3）诗意生活：古诗词有生生不息的生命，具有灵光和活气。作为生命个体，我们需要“为人生而艺术”地活。利用古诗词课堂开拓审美空间，读写吟诵诗歌，开诗歌作品研讨会，让心开出诗歌的花瓣，在平俗事物中活出诗性。

在诗意的王国漫游，用初心吟诵“难忘诗骚李杜魂”，用欢喜心培养“润物细无声”的感动，让我们一起追寻“北斗京华有梦思”的诗和远方吧。

俞春霞：我推荐的是国学类的书籍。《易经》《老子》《黄帝内经》《大学》《中庸》《诗经》《唐诗三百首》等，起先系统读这些是为了培养女儿的国学兴趣，后来自己也慢慢沉浸其中。我甚至花了一年左右的时间把《老子》和《易经》分别诵读了一百多遍，也因此对一些国学经典的解读文本产生了兴趣，如曾仕强的《易经的奥秘》，杨照的《史记的读法》以及王景琳、徐匋的《庄子的世界》等。国学对我的语文教学产生了如下作用：

（1）诵读习惯的养成。国学经典非诵读不能体会其韵其义，在教学中也更加关注学生诵读能力的培养。

（2）思辨习惯的养成。《易经》《老子》要求遵循自然的规律，《黄帝内经》要求遵循身体规律，《大学》《中庸》要求遵循社会人文规律，《诗经》《唐诗三百首》要求遵循美的规律，而当它们融合，又需要我们因时而变、因地制宜地去看待人事，“一切一切都在变，只有变是不变的真理”，这些都熔铸在我的语文教学中。

（3）平和心态的养成。国学经典中的哲学思想让人沉静，让人回归。在潜移默化中，感受“大道至简”“勤能补拙”“君子不器”等至理名言，修炼自己平和的心境，寻求语文教学中简单而又实用的路径。

郑　丹：我们需要从课程角度观照整本书阅读教学。课程观决定着整本书阅读的高度和效度。美国后现代课程论创始人多尔在《后现代课程观》里试图构建一种新的知识观、课程观与师生观。他把知识看作是对动态、变化、开放的自我调节系统的解释；课程不再是确定性产品，而是一个不断展开的动态过程；他强调学习者通过理解和对话寻求意义、文化和社会问题。教师由课程的实施者转变为课程的创造者与开发者，学生也不再是知识的旁观者，而是主动的学习者、创造者，是需要点燃的火炬。在这种观点的指导下，整本书阅读课程要将整本书、教师、学生放到相对开放的动态系统中去建构。而美国的道格拉斯·费希尔和南希·弗雷在《势不可挡的学习——释放学生潜能的7个基本要素》中提出的“势不可挡的学习模式”，包括设计、开展、巩固、评价、调整、管理、领导7个基本要素，是系统思考的产物。王荣生等在《语文教学内容重构》中指出，语文教材具有双重价值：原本作为阅读客体而存在的“原生价值”和如何传播信息的“信息教学价值”。按照这种认识，整本书一旦进入语文课程视野，除了天然具有原生价值和教学价值外，还增加了教育价值。借鉴这些理论和模式，我们能够走得更远。

吴凤云：我推荐几本整本书阅读教学方面的书籍。在我最初进行整本书阅读教学的时候，吴欣歆、许艳教授主编的《书册阅读教学现场》一书给了我很多指导。这本书把一本名著的内容梗概、作者简介、文学地位、教学价值、策略建构、精神成长都做了精确的说明，对指导学生阅读过程的学程设计做了详细的介绍，最后还有教学实录和名家点评。可以说，拿起这本书，就拿起了一把阅读整本书的钥匙。后来，我又认真阅读了蒋雁鸣老师主编的《整本书阅读教学工作坊》。这本书从语文核心素养角度定位一本名著的教学价值，在学情分析的基础上做出教学设计，课后的名师观察则高屋建瓴地帮助读者理解此教学设计的理念。这本书里介绍的目录管窥阅读法、专题探究阅读法等策略都对我的整本书阅读教学产生了深深的影响。可以说，拿起这本书，就找到了一条通往整本书阅读深处的小径。最近，我一直在阅读余党绪老师的《走向理性与清明——整本书阅读之思辨读写》一书。这本书提醒执教者从四个角度考虑整本书阅读教学的问题：价值评估、内容确定、文本关联、教学方式。还给读者做了不少以“母题·议题·问题”的方式进行整本书阅读教学的示范，以详尽的《三国演义》教学为例，反复提醒执教者教学方式要从体验阅读变成思辨读写。可以说，读了这本书，我们整本书阅读教学的思维就会走向理性与清明。

杨晶晶：整本书阅读往往涉及多元化的知识领域，因此整本书阅读教学策略往往借助跨界阅读。跨界阅读和整本书阅读相互反哺和回馈，进而高效发展和提升学生的思维能力，事半功倍地培养学生的语文素养。

有人认为，不局限于语言文学的多领域阅读所带来的大量阅读储备对整本书阅读教学带来的帮助并不像想象中那么大。事实上，他们没有认识到，有明确的目的和思维的流动的跨领域阅读才是跨界阅读。

真正的跨界阅读，形式上是跨越边界阅读，本质上是一种以万物互联思想为指导，以体会不同领域的互通和激荡所带来的美好，以体会广阔无垠的认知世界的智慧之美为目的所进行的阅读行为。真正的跨界阅读非常看重运用什么样的思维方式和方法。

修炼跨界阅读能力，须打通思维的“任督二脉”，一些讲解思维品质和思维方式或者实践创造性思维和批判性思维来打通多元化知识领域的创意书籍对我的启发非常大。比如《思辨与立场》《批判性思维》《人类简史》《未来简史》《贫穷的本质》《认知天性》《第五项修炼》《拯救与逍遥》《拥彗先驱——走向政治史学》，奥野宣之的《如何有效阅读一本书》等。

二

王　君：有了上面的铺垫，我们第二轮的研讨才算是有根基的。接下来，我们围绕这个话题来聊：读透一本书的思维方法准备。有了阅读目标，教师应该如何读书，特别是如何读整本书。相信大家都读到过或听到过一些让自己怦然心动的读书法或者读书窍门，先请大家推荐吧。

司艳平：《如何阅读一本书》是美国学者莫提默·J.艾德勒和查尔斯·范多伦著的关于阅读的工具书，这本书详细介绍了检视阅读、分析阅读、主题阅读等阅读方法。检视阅读是有系统的略读和粗读，研究目录页，对全书的基本构架做概括性的理解，尤其对于长篇小说阅读大有裨益。分析阅读就是全盘的阅读、完整的阅读，或是说优质的阅读，对于长篇小说来说，可以抓住一个人物的成长史进行推进式全盘阅读。在推进阅读的过程中，要公正评判、思辨阅读。主题阅读则上升到研究层面，先确立研究专题，再带引作者与你达成共识，接着深入讨论阅读中的问题，产生争议时要将作者观点与自我观点界定评价，开展分析讨论，最后落实到写作阅读，化读为写，内化于心。

吴凤云：批注式阅读法是我阅读整本书时常用的读书方法，这种方法与常说的“不动笔墨不读书”内蕴一致。在阅读整本书的时候，我们有时会与作者的观点产生共鸣，此时做一点批注，写下自己瞬间的感悟，留住思维的火花，可能就会出现一个教学中值得研究的专题；有时，书中的语言风格、写作手法、谋篇布局让我们折服，此时做一点批注，在赏析中细细揣摩，就会提高我们的写作能力；有时，我们会对作者的观点产生质疑，此时做一点批注，在日后反复推敲举证的过程中就会深化对这个观点的理解；有时，作者的叙述会引发我们的联想，此时做一点批注，把自己代入进去，就会诞生一个精彩的教育故事；有时，书中的观点会让我们反思自己的做法，此时做一点批注，就会在自我省察中获得成长。

郑　丹： 江苏的徐飞老师在他的著作《读书——教师的第一修炼》中谈到数书同读与一书重读。数书同读，即同一时间读几本书，这几本书可以是围绕同一主题的，也可以是理性和感性互补的书。如他在一个阶段围绕“故事力”同读四本书，尽管主题相同，但内容、风格不同，容易触发联想，进行整合可获得结构化知识；如读理论性强的书容易困倦，可用文学类的书调节。一书重读就是不同时间反复读同一本书。他也指出这种读法来源于苏轼的“八面受敌”读书法，“每一书皆作数过尽之”“每次作一意求之”，每一本书都要读上几遍，每一遍都带着一个目的去探究，就像同时读了好几本一样。他提倡老师们手边要有反复翻读的经典，要常读常新。

俞春霞： 我特别赞同当代作家王蒙提倡的阅读观点：“读一点费点劲的书，读一点你还有点不太习惯的书，读一点需要你查查资料、请教请教他人、与师长朋友讨论切磋的书。除了有趣的书，还要读一点严肃的书。除了爆料的书、奇迹的书、发泄的书，更需要读科学的书、逻辑的书、分析的书与有创新有艺术勇气的书。除了顺流而下的书，还要读攀援而上、需要掂量掂量的书。除了你熟悉的大白话的书，朗诵体、讲座体的书，还要读一点书院气息的书、古汉语的书、外文的书、大部头的书。除了驾轻就熟的书以外，还要读一些过去读得少，因而不是读上十分钟就哈哈大笑或击节叹赏，而是一时半会儿找不准感觉的书。”

张　娟：我的读书方法笨，就像一句歌词所说“总是慢人家一拍”。当然我没有“无奈”，只有“风暖慢行寻曲水”的心情。

慢中读：像木心的诗歌《从前慢》里的描述 “从前的日色变得慢，车，马，邮件都慢”，一两周才能读完半本、一本；《诗经》《唐诗三百首》手耕笔录了一遍，历时两年……可谓是“轻拢慢捻”。

写中读：我曾这样写道，“以写带读，读写结合，带学生享受激情洋溢的青春课堂”。即在写中寻得需要读的书，读写促融，语言日日更，思维日日活。

背而读：为愿心而背读，为欢喜心而背读，为坚持心而背读。寻一样爱好，长期做下去，相信“少壮工夫老始成”。

听而读：购买了喜马拉雅、樊登读书等软件的听书会员，做家务时、旅途中皆可把听书当欣赏歌曲一样，偷得浮生半日“学”。

杨晶晶：我向大家推荐运用创新思维模式中的“原点思维”来阅读一本书。即在阅读一本书时，给自己设置一个思考的原点，时常回到原点进行思考和对照，纠正自己的侧重点和思考偏差。

比如阅读《简·爱》时可以设置以下思维原点：回归人性的勇敢和懦弱，去探究小说角色的思考逻辑和选择；女性越理性，活得越高级等。

“原点思维”和王守仁的“知行合一”比较相似，它使阅读带上了较强的目的性，阅读者必须做到不拘泥于某一种方法和途径，让自己的阅读储备和学到的知识与技能在脑子里随时待命。

“原点思维”可以帮助我们在阅读的时候厘清思路，并尽可能抓住机会去解决问题；可以帮助我们更聚焦某一个问题或者话题，实现最大限度和深度的探究。

王　君：别人的方法很珍贵，但关键还是要内化形成自己的方法。在前段时间语文湿地的宣讲活动“我把我讲给你听”中，卢望军老师讲的“望军读书法”相当精彩啊。望军老师的理想课堂的目标是“辽阔”。“辽阔的课堂”想想都让人热血澎湃。她哪来这个底气呢？因为她有“望军读书法”的支撑。下面请望军老师为我们做个小讲座吧。

卢望军：

读书贵在有法

读书，是门槛最低的高贵；读书，是从琐碎的日常暂时抽离的最好方式。正如毛姆所言：“阅读是一座随身携带的避难所。”

读书宜多、宜广，更贵在有法。

博观约取

博观而约取，即广博读书而简约审慎地取用。教师读书，不妨读得杂一点。文学、美学、哲学、心理学、教育学、历史、科学、艺术等，都应该有所涉猎。

我们应该读得杂，一是为了满足好奇心。爱因斯坦说过：“我就想知道上帝是如何设计这个世界的。”他的好奇心和想象力，是他取得卓越成就的重要原因。

我们应该读得杂，二是因为学科性质。语文应该是最辽阔的学科。深邃而辽阔的语文课堂，能够提供一个巨大的知识场，让知识在这里交流、碰撞、融汇，并进而生成智慧。

博观而约取，可以保证我们的知识体系杂而不乱。博观约取，也有点像蜜蜂采蜜，只有在百花上流连过，酿出的蜜才香甜、浓郁，大滋大补。

宏观勾连

我们应该多读一些通史类作品。通史类书籍最大的好处是有助于知识体系的宏观建构。我读过的通史有《人类简史》《未来简史》《万物简史》《地球全史》《全球通史》《中国通史》等。虽然这些书读过后，并不能记得每一个细节，但却有助于我们从宏观上穿透现象，把握本质，建立一种大历史观。我推荐大家阅读以色列历史学家尤瓦尔·赫拉利的《人类简史》。

读《人类简史》，我获得的最大的启发就是用大历史观宏观地分析问题，可以直达历史深处的真相。举个例子，如果我们用大历史观来分析印刷术的意义，就会发现，印刷术改变了世界历史的进程。

马丁·路德的宗教改革，秘书省在中国的盛衰历史，“童年”这个概念的出现，都和印刷术兴起有关。当我们把这三者勾连起来时，我们所获得的启示，不仅仅是印刷术怎样改变了世界，而是明白了——谁占有了知识和文化，谁就占有了世界。

比较思辨

读书多了之后，就能够在相同的领域碰到不同的声音，就可以进行审慎的思辨。

最近两三年，我读得最多的是美学。在我看来，蒋勋的美学是浪漫美学，他改变了我看世界的眼光，用蒋勋的美学看世界，万物皆多情而美丽，蒋勋让我变得温柔；孙绍振的美学是实用美学，他给我一种实操的能力，遵循孙绍振的文本解读，我设计出了很多不错的语文课。

而李泽厚用“立”、潘知常用“破”的方式，分别建构了中国美学的体系。换言之，李泽厚的实践美学和乐感文化是对中国美学传统的颂扬，而潘知常的生命美学是对中国美学传统的批判。相比之下，潘知常的观点更值得我们深思。

潘知常对《水浒传》《三国演义》的批判，和鲁迅异曲同工。甚至，潘知常对于鲁迅也是批判的，他的《失败的鲁迅与鲁迅的失败》一文，就是对鲁迅没有能够占据20世纪中国思想的制高点和引领20世纪中国美学走向光明未来的深刻批判。读完潘知常《头顶的星空》一书之后，我又开始读他的《中国美学精神》。我想看看他对于中国美学“破”之后，又将如何“立”。读两个人对同一领域的不同观点，是一种比较阅读；读一个人对同一领域的不同观点，也是一种比较阅读。

痛并快乐

阅读，是宜有一点痛感的。所谓痛苦的阅读，就是拒绝碎片化阅读，拒绝消遣式阅读。如果一本书从头读下来，你没有遇到一处需要停下来思考的地方，没有一处需要去查证的地方，没有一处和你既有经验冲突的地方，没有一处让你兴奋得叹为观止的地方，那么，这本书对于你来说，就毫无意义。

四年前，我读李泽厚的《美的历程》，读得相当痛苦。读到了一百多页，仍然是云里雾里。后来，我就停下来，重新从第一页读起，老老实实地圈点、批注、查证、写感悟，读了两三个月才把这一本薄薄的书读完。可以说，《美的历程》是我的美学阅读的一座高山，艰难翻越这座高山之后，我的眼前是一片开阔的平原。当然，平原的尽头仍然有高山矗立，但之前爬山的经验，会成为我登山的拐杖和绳梯，更会成为我攀登绝顶的勇气和信心。这种一览众山小的快乐，实在是人生中妙不可言的感受。

对于读书这件事，我坚持几读几不读：华而不实的书不读，陈词滥调的书不读，考证不严的书不读，体系松散的书不读。要读未经解读的书，读观点鲜明的书，读体系完整的书，读战胜了时间的书。

精略两宜

经典宜精读。语文教师的阅读体系，深度重要，宽度更重要。打一个比方，语文老师的阅读体系，应该像一个大写的“T”，下面一竖，是你的专业，你要不断精进，向青草更青处漫溯；上面一横，是其他领域，要不断延伸，延伸到无限多的领域。

耶鲁世界学人王烁在《在耶鲁精进》一书中谈到的一个二八原则，很适合用来指导我们略读：你只需要花费20%的精力，去了解一个领域80%的知识就足够了。而要了解剩下的20%的知识，我们可能需要花费80%的精力——除非是专门人才，否则不合算。

进行略读的时候，我们以一种智识的游牧民族的姿态，出现在知识技能和人类文明的原野上。哪里水草丰美，我们就转场到哪里。在迁移的过程中，这个领域80%的知识足够与其他领域80%的知识产生碰撞、交融、整合，汇成一条知识的河流。

博观约取、宏观勾连、比较思辨、痛并快乐、精略两宜是我个人的读书法，未必普适。我相信，每一个人，只要去读书，只要去思考，就一定能够找到最适合自己的方法。

只要出发，即使半途而废，也胜过画地为牢；只要出发，即使方向不对，也可能殊途同归。

王　君：“望军读书法”来自望军老师对自己阅读思维方式的不

断提炼和修炼，这种宝贵的意识，每个老师都该有。而且，我们还要慢慢地在自己的课堂上渗透、示范给学生，引导学生也形成自己的读书方法。

三

王　君：现在我们进入这次研讨的第三部分：请你描述自己印象深刻的一次整本书阅读或者整本书阅读教学经历，提炼出你觉得能够帮助到大家的读书方法。

司艳平：读书之法，在于循序而渐进，熟读而精思。在读《儒林外史》的过程中，我对该书进行精深化、分解化、勾连化阅读，从而读深读透。

《儒林外史》笔墨节省，跳跃性强，言简意深。精深化阅读是在精读的基础上深度阅读。所谓深度阅读是指纵深式、个性化阅读，深度阅读能提升思维品质，拓宽知识格局。须强调的是，要将读书与思考密切结合，思考作者用笔旨向，思考人物言行归依，入情入境，与作者产生共鸣。分解化阅读是要将厚书读薄，聚焦某个人物，有选择性地阅读，将与此相关联的章节整合，彻底将该人物的前世今生读通读透，该方法特别适合读《儒林外史》这种冰糖葫芦式的长篇小说。勾连化阅读是打通单本书阅读的界限，将与此相关的同主题书籍并行阅读，比较辨析，异中求同，同中求异。能做到这点，就做到了至诚阅读。《儒林外史》的作者吴敬梓与《红楼梦》的作者曹雪芹属于同一时代，都是那个时代的反思者，《儒林外史》里的杜少卿影射着吴敬梓，《红楼梦》里的贾宝玉观照着曹雪芹，此二人又有何相同或不同之处？如若能将诸如此类的问题思考辨析，读书功用不言而喻。此外，还可将整本书与当下勾连，读出自我，与时俱进。

吴凤云： 在教《朝花夕拾》这本书的时候，我根据王君老师的文本特质思想，每节课聚焦一个点做小专题研究，备出了写作型文本《跟鲁迅先生学写人》、语用型文本《鲜明的对比，深刻的意蕴》、主题型文本《成长，“朝花”中最美的一朵》、思辨型文本《民俗，“朝花”中最矛盾的一朵》、诵读型文本《读出“朝花”中的那一缕清香》、跳板型文本《阿长架起“单篇”与“整本”的桥梁》。这样带领学生阅读这本书，目的是使这本书成为“在学生生命中留下很深痕迹的书”（苏霍姆林斯基）。这样聚焦的阅读课上下来，学生掌握了写人的写作技巧，写出的人物形象鲜明动人；也从鲁迅先生的求学经历、思想成长过程中联结自身思考了成长的意义。所以，聚焦读书法是一种把学生引向深度阅读的读书方法。它让一堂课目标明确，力量集中，效果显著。后来，在教《西游记》这本书的时候，我又用聚焦法设计出读前导读课“目录管窥看西游，心性修炼悟大道”和课后交流课“成为自己的‘斗战胜佛’”。这两节课分别聚焦目录和成长，卓有成效地实现了通过目录了解全书概貌和通过了解悟空成长途径助益学生成长的教学目标。可以说，聚焦读书法，使课堂瘦身，使任务简约，使学习轻松，是一种值得我们学习和研究的读书方法。

郑　丹： 我喜欢读小说家谈小说的书。从作者视角出发谈小说的书，会给读者不一样的启迪。毕飞宇的《小说课》、曹文轩的《小说门》、张大春的《小说稗类》和许荣哲的《小说课》都让我爱不释手。我会在自己阅读小说时运用书里提到的一些观点和技巧。如我重读《西游记》时，发现《西游记》的每一难都符合许荣哲先生的“七个问题公式——目标、阻碍、努力、结果、意外、转弯、结果”，这些“难”的手法一样，构成曹文轩先生所说的“滚动结构”。根据小说家的指点，我设计了《世上只有一个故事》导读，分为三个板块：闲话“三”字来导入，一波三折话情节，三隅一反说结构。第一个板块，我从日常生活中含“三”的俗语说起，聊到成语故事里的“三”，再到《西游记》一书中学生特别熟悉的“三打白骨精”“三调芭蕉扇”，进行课前热身。第二个板块，让学生画“三打白骨精”和“三调芭蕉扇”的思维导图，思考两个故事的情节特点，在小说里再找一个加以印证。第三个板块，也分为三个环节，分别是：（1）一波三折的实质，借用许荣哲在《小说课》里的“七个问题公式”，对前面的“三调芭蕉扇”加以分析。（2）我来写故事。先从《西游记》里选择一个故事，空去七个问题中的三个，填空，再与小说相对照。（3）师生合作创作一个故事。如此教学下来，学生收获颇丰。

俞春霞：我以带领学生读《骆驼祥子》一书为例，整本书阅读应该是一个过程，而不是一个瞬间。因此，仅用一种方法不足以贯彻实施整个阅读过程。我的读书法如下：

（1）圈点批注阅读法。一本需要精读的书，先要通读，不能草草了事、走马观花。在读的过程中要求学生在自己有感觉或者描写比较精致的地方适当加上自己的点评或者圈画，无痕迹不读书。

（2）专题探讨阅读法。通读整本书之后，就可以“化整为零”，每个人选择自己的角度，或者书本提示里的专题，或者老师给出的方向，定点深挖。比如《骆驼祥子》可以探讨的专题有“坏嘎嘎是如何炼成的？”“‘骆驼’跟‘祥子’有着怎样的相似点？”“祥子爱虎妞还是小福子呢？”“祥子婚姻抉择的背后究竟是什么呢？”“《骆驼祥子》里的三迭结构”等，每一个专题都可以将学生引向书本的纵深。

（3）读后点评阅读法。整本书读完，还可以要求学生写读后感，比如写“我跟青年祥子学习什么？”“虎妞的爱情观”“小福子的死是谁造成的？”“祥子与高妈的比较”等，目的就是要求学生用思辨的眼光，跳出文本学以致用。

总之，所有的阅读法都是在引导学生真读，真有兴趣读，真能读出点有助于自己成长的东西。

张　娟：“书卷多情似故人”，每一个年龄段都有独特的故事。

撕书的故事。那年，心生梦想，想背诵蘅塘退士编的《唐诗三百首》。一叠两本装，厚厚的，真好像天地间耸起一堵墙，信心立马被厚度打败。可是，某一天响起一种最强有力的声音：撕下来背。于是一天一张、两天一张，慢慢聚沙成塔，半本书下来，褶皱的书页浮起来都有半尺高了。以后再读厚的书，内心便多了一份自信，一份从容。

录书的故事。“千锤百炼语言表达”，王君老师这样殷殷告诫。去年我在喜马拉雅申请了一个账号，开始录《见字如面》一书。第一遍读起来生涩，就读两遍、三遍，再配上点音乐，再投入点感情……一本录完，居然获得不少赞美；再一本下来，居然引来无数粉丝。就这样，不断提高了声音的质量，不断培养了语感……原来，“读”也如此美好。

写书的故事。2020年，为了与诗歌亲密交谈，为了加强古诗词写作方面的修养，使写出来的文字有质感，我由原来的零碎阅读转向读诗歌理论相关的书。对《诗论》《“远”范畴的审美空间》《唐诗鉴赏辞典》等书籍，有点相见恨晚。

总之，撕书、录书、写书，这些都是促进阅读和培养阅读自信力的方式。一件事只要做到极致，就能真正抵达“思想中的现实”。

杨晶晶：在“封面里的辩证法”这堂《简·爱》读中指导课上，我从封面的设计与比较导入，确立“不漂亮的小个子女人简·爱为什么美得惊心动魄”为中心话题，以三次破译封面里的“象征”为路径进行文本推理，得出简·爱之所以美得惊心动魄，是因为她是浪漫的逐光者。追逐理性的光芒让她变得无比强大，同时，出走半生得到的诸多指引所形成的善良和宽容，度她重生——让她不再迷茫、焦虑、偏激，也让她具备了给别人带来救赎、愉悦、幸福的能力。如果说理性的清明是一种强大的能力，那么拥有善良就是一种慈悲，一种境界，一种习惯，一种修为！

王君老师曾说“换一种观察的角度，变一个思维的方向”，观察封面并破解其象征意义就是整本书常规阅读角度的一种转换，是从整本书的表现形式入手，探索书的深层内蕴。这样做可以给学生开拓广阔的思考天地和巨大的想象空间，不仅可以帮助学生把握《简·爱》中的人物性格，推理情节发展，还可以让课堂教学充满浪漫而魔幻的色彩，吸引学生深入咀嚼原文。

在教学过程中，我还引入了黑格尔的辩证法思想，学生通过逻辑性较强的文本推理，对于简·爱这个人物形象的多层意蕴有了更好的理解，推理和领悟的过程既增长了智慧，也滋养、疗愈了心灵。

王　君：谢谢大家！一位语文老师之所以优秀，一定是因为他有自己相对明确的阅读方向、相对清晰的阅读路径、相对健康的阅读思维方式和相对高效的阅读方法。

感谢大家愿意在整本书阅读教学上钻研与探讨，相信汲取了你们的智慧的老师，都能更有意识也更有能力去建设自己的读书家园。我们老师自己会读书了，有阅读底气了，有阅读积淀了，整本书阅读教学才可能真正开始。下一期，我们就要正式开启整本书阅读教学的研究了。伙伴们，一起来吧！

第一期

打通教法与活法
永远是第一追求

本期研讨者：青春语文名师工作室成员

王　君　吴凤云　郑　丹　张　敏

李红玲　徐敏红　陈海亮

一

王　君：老师们，在2020年到来的时候，我们首先要感谢《中学语文教学参考》。在编辑部的支持下，近三年来，我们的研讨深度逐年提升：2017年，我们以“青春语文：见自我，见天地，见众生”为题，全面阐述了青春语文的价值追求；2018年，我们集中研究了青春语文的“文本特质与课型创新”思想；2019年，“群文教学视野下的文本特质与课型创新研讨”则是我们的攻关目标；今年，我们将投入到整本书阅读教学研究中去，继续探索青春语文课堂教学的新方法、新路径。实现整本书阅读课程化的困难很多，但最大的困难是教师自身的阅读质量和课堂引领质量。各种维度、各种类型的高质量的名著阅读导读课是推动名著阅读课程化的有力推手。所以，今年我们将聚焦名著导读课堂的研讨。第一个话题，我想强调一下青春语文课堂教学的核心理念是“打通教法和活法”，以此帮助学生“打通读法和活法”。只有让学生真切地感受到了经典名著依旧和他们的青春成长息息相关，只有阅读和生命产生了共振，整本书阅读才会真正成为学生发自内心的选择。我用我的《鲁滨逊漂流记》名著专题研究课（之一）来开启今年的探索。这个课是典型的主题型文本的教学。

二

向鲁滨逊学习阳光思维方式

——《鲁滨逊漂流记》整本书阅读（之一）

授课/王君

第一部分

师： 同学们好。我们现在开始上课。关于整本书阅读呢，王老师班上现在主要做的是这件事。（简要介绍）

师： 在名著《思辨与立场》中，有一个核心观点对我很有启发。

【投影】

只要我们出现了负面情绪

一定是因为我们的思维方式出了问题

没有任何东西比可靠的思维更重要

因为思维的误区

我们大多数人都还没有成为可以成为的人

（生读。）

师： 咱把思维方式练好了，就能很好地掌控自己的情绪，人生就会很不一样。鲁滨逊被困孤岛30年，是很容易抑郁的。对自己消极情绪的严防死守，是鲁滨逊最大的成功。我们研究这本名著，从这个角度进入的话，是属于对一本书“核心信息”的研究。（简单介绍这堂课的结构，略。）

第二部分

师：我们先从鲁滨逊的第一次心理危机开始。他对自己进行心理干预的方法是通过记日记来梳理情绪。他有一则日记非常有名，是相当成功的心理按摩和情绪急救。我们现在来分角色对比朗读，研究鲁滨逊的心智模式。

【投影】

鲁滨逊的第一次情绪急救

祸与害：

- 我流落荒岛，摆脱困境已属无望。
- 唯我独存，孤苦伶仃，困苦万状。
- 我与世隔绝，仿佛一个被流放者。
- 我没有衣服穿。
- 我无法抵御人类或野兽的袭击。
- 我没有人可以交谈，也没有人能解救我。

福与利：

- 唯我独生，船上同伴皆葬身海底。
- 上帝既然以其神力救我一命，也必然会救我脱离目前的困境。
- 小岛虽荒凉，但我尚有粮食，不致饿死。
- 我地处热带，即使有衣服也穿不了。
- 孤岛上没有我在非洲看到的那些猛兽。假如我在非洲沿岸覆舟，那又会怎样呢？
- 但上帝神奇地把船送到海岸附近，使我可以从船上取下终身受用不尽的东西。

（组织指导对比朗读，略。）

师：请大家说一说你发现的鲁滨逊思考问题的特点。

生：我觉得鲁滨逊总是能够发现一件不好的事情的另一面。

师：我们发言不能只有观点，一定要结合原文进行具体说明哟。来，你补充补充。

生：比如谈到衣服的问题。鲁滨逊先是感叹自己没有衣服穿，然后又安慰自己“地处热带，即使有衣服也穿不了”。这样他就化解了关于衣服的这个难题。

师：“化解”这个词语用得好。同样的困境，换个角度就被化解了——原来困境是不存在的。

（学生更多讨论略。）

师：在生命进入困境的时候，并不是每一个人都能像鲁滨逊一样及时用积极的思维方式来帮助自己。我们现在看一个视频，是根据朱德庸的著名漫画改编的。

（播放朱德庸视频。）

师：结合鲁滨逊刚才的思维方式，请大家说一说朱德庸创造这个漫画的目的。

生：他想告诉人们：不要总觉得自己是最惨的，有人比你更惨。（众生笑。）

生：朱德庸想告诉大家：要珍惜自己拥有的，人人都有自己的无可奈何。

师：这话精辟。是的，每个人都有自己的局限性，都有自己的困境。这就是生命的真相。

（学生更多讨论略。）

师：大家看懂了，说得非常透彻。关于“失去”和“拥有”的道理，说得最透彻的是史铁生。

【投影】

发烧了，才知道不发烧的日子多么清爽。

咳嗽了，才体会不咳嗽的嗓子多么安详。

刚坐上轮椅时，我老想，不能直立行走岂非把人的特点搞丢了？便觉天昏地暗。

等到又生出褥疮，一连数日只能歪七扭八地躺着，才看见端坐的日子其实多么晴朗。

后来又患“尿毒症”，经常昏昏然不能思想，就更加怀恋起往日时光。

终于醒悟：其实每时每刻我们都是幸运的，因为任何灾难的前面都可能再加一个“更”字。

——史铁生《病隙碎笔》

（师组织生读，简单点拨。）

师：这个道理，著名散文家毕淑敏在一篇散文《提醒幸福》中也有深刻的表达。

【投影】

如果把人生的苦难和幸福分置天平两端，苦难体积庞大，幸福可能只是一块小小的矿石。但指针一定要向幸福这一侧倾斜，因为它有生命的黄金。

——毕淑敏《提醒幸福》

（生朗读。）

师：鲁滨逊之所以没有被困境困住，而且在荒岛上还活得很不错，原因就在于他不断地在“提醒幸福”。而幸福遗忘症，是现代人的通病。当人的幸福的阈值越来越高，幸福感反而就越来越缺乏了。鲁滨逊有大智慧，他拥有三件宝器。

【投影】

积极情绪的三个工具：

把你的单反相机经常对准美好的事物

用苏格拉底的筛子经常筛一筛自己的生活

生命天平上“拥有”永远比“失去”有重量

（师简单介绍，略。）

师：我给鲁滨逊的这种阳光思维方式命了一个名——“认知公平提醒幸福法”。其基本的心法是这样的：

【投影】

认知公平提醒幸福法：

抛弃追求完美的执念

公平地看待

自己的所得与所失

不放大所失

不缩小所得

甚至

强化所得

淡化所失

（组织朗读，适当讲解。略。）

师：我们往前走一步，如果用心理学的理论来阐释鲁滨逊的思维方式，则可以用阿尔伯特·埃利斯的“诱因ABC公式”来表达。

师：A代表“已经发生的，无法改变的事实”，B代表“我们对一件事情的看法”，C代表“我们的情绪”。人生无常，什么坏事儿都有可能发生。这真的是改变不了的。但是，我们又希望自己的情绪保持在宁静喜悦状态。怎么办呢？不能改变A，那我们就改变B。所以，理性情绪的重要观念是：不是事情的发生影响了我们的情绪，而是我们对一件事的态度决定了我们的情绪。鲁滨逊流落荒岛，这是他一时半刻改变不了的事实，他改变心情的方法就是改变“B”。通过“强化所得，淡化所失”，他不仅顺利走出低潮，而且重建了自己的情绪。

师：那好，我们现在来向鲁滨逊学习。我收集了同学们日常生活中经常会遇到的几种困境。大家用“认知公平提醒幸福法”，来帮助自己走出情绪困境。记住：发生的事情不可改变，但是，看法是可以改变的。

（学生各种精彩发言，略。）

师：好了，同学们，这就是珍贵的“认知公平提醒幸福法”。鲁滨逊依靠这种思维方式度过了流浪的最初岁月。我们来复习一下这种思维方式的心法：强化所得，淡化所失。

（再出示相关PPT，朗读复习。）

第三部分

师：现在我们来研究鲁滨逊的第二次情绪急救。荒岛生存的第12年，鲁滨逊又一次陷入了灭顶般的威胁之中，不过这一次让他情绪崩溃的，不是风雨雷电，而是他的同类。在与自然的搏斗中取得暂时胜利的鲁滨逊，又开始了与野人的斗争。鲁滨逊这一次的情绪管理艰难多了，不仅历时多年，而且险象环生。这次研究，老师特别想示范的是一种研究方法——“同类信息整合法”，就是在做专题研究的时候，暂时排除其他信息，把描写鲁滨逊的相关情绪变化的文字进行梳理分类。现在我们来朗读鲁滨逊的情绪变化的五个阶段的文字。

【投影展示用同类信息整合法梳理出来的文字，学生朗读，略。】

师：这就是同类信息整合。同学们，朗读之后，请谈谈你的感受和发现。如果要用一种图形来表示他的情绪变化的话，是直线、波浪曲线，还是其他线？

生：显然应该是一条上升的波浪线。我感觉鲁滨逊的情绪是越来越好了。在第一个阶段，他非常恐惧。到了第五个阶段，他已经非常平静了。

生：我发现鲁滨逊开始时只有自己的视角，他都是从自己的角度出发看问题，越到后面，他就越能够从野人的角度看问题。

师：这个发现非常关键。角度就是立场。立场一变化，看到的就不一样了。

生：鲁滨逊代表文明人，他能够慢慢丢掉文明人的立场，从野人的立场看问题，就明白了自己的仇恨和恐惧是不必要的。

生：我感受最深的是第二阶段，鲁滨逊意识到“对危险的恐惧比看到危险本身更可怕千百倍；而焦虑不安给人的思想负担又大大超过我们所真正担忧的坏事”。这是鲁滨逊情绪变化的重要原因。

师：我读到这个地方的时候也很有共鸣。我们之所以不开心，往往是因为我们不是在为过去悔恨，就是在为未来担忧。鲁滨逊这个时候的觉醒太重要了。这是觉悟，是觉知。

生：我发现这一次鲁滨逊安顿好自己的情绪花了很长的时间，这个过程是挺曲折的，很不容易。

师：对这一点我也很有共鸣。跟自己的情绪作战有时候需要一个漫长的过程。因为情绪提升的背后是思维方式的提升，而思维方式的提升乃是因为我们看待世界的方式发生了变化。改变自己的思维方式绝不是一件容易的事情。我们很多时候是被自己限制了。

生：鲁滨逊最开始是想“躲开”野人，后来是决定和野人“作战”，最后决定和野人“和平共处”，我感觉鲁滨逊想问题越来越有深度，境界也越来越开阔了。

师：我欣赏你用的“开阔”这个词语。“不打即逃”是我们日常处理问题的常态，但是如果能够摒弃“逃打思维”的话，我们就会发现，一定还有“第三条路”可走。

生：我发现鲁滨逊在处理野人的问题时，他一直有一颗感恩的心。他感恩自己不吃人，也感恩上帝安排野人没有发现他。这对他保持好的情绪很有帮助。

（学生更多精彩讨论略。）

师：好了，同学们的发现很有意义。这种研究方法，就是“同类信息整合法”，是我们进行学术研究的基础方法之一，以后大家也可以用。现在我们做一个总结：

【投影】

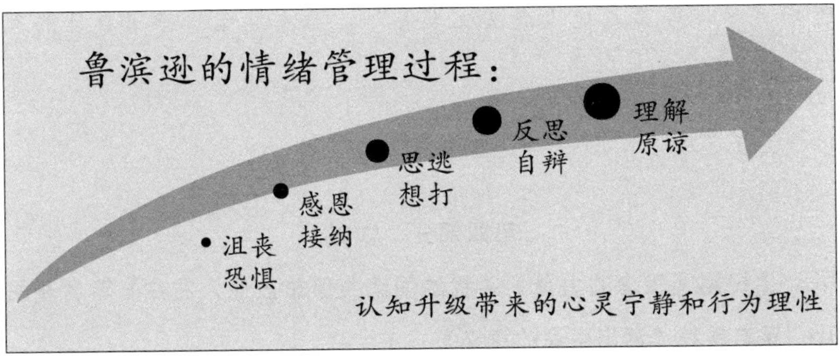

师：在巨大的压力与绝境面前，鲁滨逊总是力图摆脱喜怒哀乐的纠缠，尽快恢复到理智与冷静的状态。他敢于直面自身的恐惧和狭隘，不断实现认知升级和行动升级。他真正做到了理性的思维方式和行为方式，也因此而最大限度地获得了身体的安全和心灵的宁静。他的这种思维方式，王老师也给命了一个名。

【投影】

认知升级豁然开朗法：

走出自我中心

摆脱文化偏见

重视第三选择

思想行动理性

师：这个方法同样符合我们第一阶段学习的心理学的“诱因ABC公式”。

伟大的人物需要有这样的优质思维方式，在我们日常生活中，也非常需要大家来练一练，如何通过“走出自我中心，摆脱文化偏见，重视第三选择”的方式来实现认知升级。

（老师幽默地举出自己生活中的例子引导大家认识“年龄、性别、地域等都可能造成文化差异”，激发学生也举出自己的例子，略。）

（师总结，略。）

第四部分　总 结

【投影《正念的力量》《我的情绪为何总被他人左右》等名著图片，重点推荐《活出生命的意义》。】

师：这本书的作者是著名心理学家弗兰克尔。他是20世纪的一个奇迹。纳粹时期，作为犹太人，他的全家都被关进了奥斯维辛集中营，他的父母、妻子、哥哥，全都死于毒气室中，只有他和妹妹幸存。弗兰克尔不但超越了这炼狱般的痛苦，更将自己的经验与学术结合，开创了意义治疗法，替人们找到绝处逢生的意义，也留下了人性史上最富光彩的见证。

弗兰克尔一生对生命充满了极大的热情，67岁开始学习驾驶飞机，并在几个月后领到驾照；80岁还登上了阿尔卑斯山。他并不是当年集中营里被编号为119104的待决囚徒，而是让人的可能性得以扩大的圣者。

师：同学们，读这本书的时候，老师最深的感受是：有一些人进了集中营，肉体忍受着地狱般的折磨，精神却依然高贵、独立、平静。而我们现在很多人身体是自由的，但精神却忍受着地狱般的折磨。

弗兰克尔告诉我们：有一样东西是不能从别人手中夺去的，那就是最宝贵的自由。人一直拥有在任何环境下选择自己态度和行为方式的自由。而这种自由，从本质上来说，就是思维方式，就是我们看待世界的方式。所以，建设我们自己的阳光思维方式，是我们每一个人终生的修炼。《鲁滨逊漂流记》中还有很多这样的优质资源，请大家继续去阅读，去发现吧。

《失乐园》作者约翰·弥尔顿说："心灵自主，天堂地狱皆其定。"

祝愿同学们都能成为自己情绪的主人。下课。

三

王　君：郑丹老师专门研究了这堂课，课评写得很漂亮，请大家先阅读。

潮平两岸阔　风正一帆悬

——评王君老师《鲁滨逊漂流记》整本书阅读（之一）

文/郑丹

王君老师开阔了整本书阅读的视野，将整本书阅读和群文阅读打通，将读法和活法打通，使整本书阅读呈现出"潮平两岸阔，风正一帆悬"的宏大气象。下面以她执教《鲁滨逊漂流记》为例，探索她的整本书阅读教学之道。

（一）聚焦一点，融通文本生本

《鲁滨逊漂流记》作为经典名著，可读可教的很多。比如余党绪老师就把它的母题确定为"冒险与生存"。弱水三千，王君老师只取一瓢饮，向鲁滨逊学习阳光思维方式。这“水”大有讲究。鲁滨逊荒岛求生的经历距离现实遥远，学生不感兴趣，但每个人都会有消极情绪，学习他严防死守消极情绪的方法，既是这本书的“核心价值”，也是学生的“心灵悸动点”，亦能激起学生的阅读兴趣。这“瓢”也有来处，就是心理学，阳光思维方式的本质是“诱因ABC公式”的有效运用。用心理学之“瓢”取经典之“水”解学生之渴，“文性”与“生性”相融，青春因阅读而大放异彩。

王君老师总是以精神引领者的角色观照文本，也观照整本书。经典名著有着丰富的心灵悸动资源。她凭着教育者的悲悯情怀、语文大家的文本直觉及丰富的心理学知识，以书本为本，以学生为本，从而实现青春语文打通教法与活法的追求。

（二）内容重构，贯通直觉知觉

王君老师在群文阅读中特别强调要有“同类信息敏感”，即对同一文本中或不同文本中具有相同气质和相同意义指向的语言信息要高度敏感，意识到它们之间的呼应和联系。对于整本书阅读也同样适用。

整本书一般篇幅长，核心信息常常分散在不同的章节，需要将其整合起来，进行内容重构。系统论的核心观点是整体大于局部之和，重新建构起来的意义大于局部相加。王君老师将鲁滨逊在荒岛中两次出现的心理危机整合在一起，系统重现鲁滨逊走出情绪困境的过程，重新造境，开辟通道。这样既紧贴名著内容，又排除了其他信息的干扰。在两次大的整合后，她又对第二次心理危机进行六次小的整合。在这样的建构中，鲁滨逊思维方式的内涵、鲁滨逊认知方式的升级及其思维方式改变的艰难过程，这些高出于学生认知之上的见解就不是凌空蹈虚，而是通过对学生实实在在的分析和理解得出的，是经过提炼的知觉。余党绪老师曾说过：“不以分析与理解为基础，一味标榜所谓的移情体验，或者片面鼓吹直觉感悟，都是伪鉴赏。”王君老师引导学生围绕核心信息，根据同类信息进行内容重构，贯通直觉知觉，灵性理性相携。

（三）双线并行，联通感性理性

王君老师说，要指挥文本，不能被文本指挥。具体到整本书，有两层意思，一是善于将整本书的内容重构，二是善于将整本书之外与之有关的“活水”引进来。本节课，王君老师联结了《思辨与立场》一书的核心思想、史铁生《病隙碎笔》的片段、《提醒幸福》的警句、朱德庸的视频以及整本书《活出生命的意义》等。这些材料或补充或强化或提升鲁滨逊阳光思维方式这一核心。同时经由一本书的课堂学习诱发学生课外阅读多本书的意愿，达到“聚是一团火，散是满天星”的效果。

《鲁滨逊漂流记》是阳光思维方式的外显，是文学的表达；《思辨与立场》是阳光思维方式的内隐，是理性的论述。仅仅是文学的表达，学生的认识停留于感性层面；仅仅是理性的论述，学生的心智将难以接受枯燥的理论。王君老师巧妙地将两本书的核心信息结合起来，用理性将感性提升，又用感性印证理性，交错相通彼此相融。鲁滨逊两次摆脱心理危机的思维方式，她都运用心理学“诱因ABC公式”来阐释。第一次在和学生讨论鲁滨逊思维方式的特点后，观看漫画视频，阅读片段和警句，在大量感性材料的基础上总结出“认知公平提醒幸福法”再推出公式，层层铺垫，由浅入深，水到渠成。第二次在学生讨论总结“认知升级豁然开朗法”后，用公式加以印证。两次使用作用不同，学生的认知不断刷新升级，思维也不断更新提升。

（四）活动丰富，打通读法活法

王君老师这样谈关于主题型文本的语用境界：在较高的语言训练层面上，语言训练的特点是“不提语用而语用”。大张旗鼓“主题探究”，声色不露“语言训练”。这节课，王老师设计了四次大的言语实践活动。两次讨论鲁滨逊思考问题的特点和变化，两次运用“阳光思维方式”来解决日常困境。这四个言语实践活动，都不是旁逸斜出，而是整节课架构的节点。前两个问题让学生走进文本，在潜移默化中学习提取信息、整合信息的方法，是读法的渗透。后两个活动让学生运用学习的思维方法观照自己的心灵，是活法的实现。每一个活动都水乳交融，学生既汲取了文本的精神资源，又打磨了言语的圆润；既学习了阅读整本书的方法，又洗涤了心灵的尘埃，实现了青春语文经由语言文字的学习而抵达精神自由的追求。

王君老师的整本书阅读阅读，将核心信息与学生心灵打通，将一本书与多本书相连，将读法和活法交融，将阅读融入生活的海洋，让学生乘风破浪、扬帆远航。

四

王　君：谢谢郑老师谈了很多优点。我清醒地知道，这堂课还有很多缺点。各种反对的声音我也理解。但我一直有一个梦想：经由语言文字的学习探索生命幸福之道。我们的课堂，能够打通文史哲，打通心理学以及更多的学科。这样的课堂润物无声，使学生不仅得到了很扎实的语言训练，同时更能经历灵魂洗礼，提升生命境界。这就是青春语文的追求。接下来请大家进一步思考：在整本书阅读中，如何努力去打通教法和活法，从而引导学生打通读法和活法。

张　敏：我最大的感受是要实现“打通教法和活法”的终极目标，教师需要有“普度众生”的慈悲心，要有另辟蹊径的独特视角，要能广泛整合同类信息。名著阅读和生命个体产生共鸣的最佳成果是学生思维方式的改善。

吴凤云：罗曼·罗兰说过，从来没有人读书，我们都是在书中读自己。这句话充分说明：阅读，是读者寻找自我、发现自我、救赎自我的路径。要想让学生在阅读名著时不仅能获得审美的愉悦，也能获得成长的智慧和生命的启迪，需要我们老师打通教法与活法，从而帮助学生打通读法与活法。比如，读《童年》的时候，我教给孩子们反思式批注法，好多孩子由阿廖沙的悲苦童年想到自己因为叛逆对父母的伤害，很是内疚；读《昆虫记》的时候，我设计了这样的问题：如果你可以化作一只昆虫，你会选择什么昆虫，请用诗歌的形式表达你的理由。通过孩子们创作的《蝉》《条纹蜘蛛》等诗歌可以看出，他们在书中读出了自己。

李红玲：作家林语堂在谈到阅读时说：“读书的意义，是使人较虚心，较通达，不固陋，不偏执。”从中可知，阅读对心灵塑造与性格培养的重要作用。我曾上过《朝花夕拾》导读课，聚焦鲁迅的成长经历，以“生命中的重要他人”来探究鲁迅的思想变革。导课时，先分享自我成长中的重要他人，后知人论世解读作家的成长密码。从书中选取几个片段整合比读，通过比读分析让学生明白：鲁迅的成长与生命里的“重要他人”密不可分。最后，让学生畅谈自己生命中的重要他人，达到“读法与活法”的深度融通。

徐敏红：整本书阅读教学须立足学生，“聚焦”他们当前心理发展点，在“读法”和“活法”间搭建支架。刚步入青春期的七年级学生与人生困境狭路相逢却无从应对，于是，我设计了一节以“拥抱苦难”为聚焦点的《草房子》阅读指导课。课上，桑桑、杜小康、秃鹤遭遇不同苦难的情节片段让学生看到了自己的影子。傍着文字，他们探寻到了应对苦难的方法。八年级的学生开始探寻自我。因此，同为“苦难”主题，《名人传》阅读导学课则将聚焦点放在“自我抗争”上。三位名人痛苦心理片段的铺展，让学生发现名人面对苦难也无异于常人。通过文字的品读、大量资料的介入，课堂搭建起通往心灵的桥梁，让学生明白“真正的英雄，能坚持自我的抗争”。两堂课的话题都关于“苦难”，但却因学生精神需求的不同而呈现不同的聚焦点。这就是青春语文的追求：让阅读和生命产生共振，经由语言文字的学习而抵达精神的自由和高贵。

陈海亮：在《水浒传》一书的导读课中，我就以学生“宋江是孝义还是黑心”之间为阅读起点，通过细节品析、思维停留的方法，在宋江对兄弟与对女人的态度上深入探讨，让学生在品析中得出结论，然后引导学生于细节处看人品，从而打通读法和活法。

郑　丹：整本书阅读是更大层面的群文阅读，从一本书出发，寻求相同或互补的书和文章，进行整合。群文阅读同类信息整合法同样适用于整本书阅读。它要求老师要有更广博的阅读视野，通过见树木而见森林；要有更犀利的阅读眼光，要能在一朵花里见花园。《鲁滨逊漂流记》属于成长型小说，王君老师开发成主题型文本，相信还有语用型、思辨型、积累型文本等课型出现。

王　君：谢谢大家的思考！“整本书”是一个信息更加丰富且开放的“场”，教师是完全有可能在这个“场”中去开疆拓土、大有作为的。我们今年的研讨就要努力去创造更多的课堂可能性。这就是今天我们用这么多的篇幅来思考一堂课的意义。通过“打通教法和活法”，有了帮助学生“打通读法和活法”的意识，我们的研讨就不会在“乱花渐欲迷人眼”的各种整本书教学理论中迷失。让我们为语文开一扇窗，凿一条路，青春语文人应该有这样的勇气！下期，我们继续。

第二期

从“核心信息”到“远程信息”

本期研讨者：青春语文名师工作室成员

王 君 郑 丹 吴凤云 胡金辉

司艳平 夏海芹 陈建红

一

王　君：老师们，上一期，我们重点研究了青春语文整本书阅读打通教法与活法的问题。今天的研讨从我的《鲁滨逊漂流记》的第二堂名著专题研究课开始。这也是一堂主题型文本的课。不过，这堂课更加“另类”，引发的争论更多。这样上课是因为我一直有一个梦想：希望青春语文的课呈现出无限的可能性——能够真正成全学生的自由阅读和自由思想。看完我的课后，请大家畅所欲言，你觉得用这样的思路去处理整本书阅读，有合理性吗？

二

由鲁滨逊谈到亲子关系

——《鲁滨逊漂流记》整本书阅读（之二）

授课/王君

第一部分　话题来源

师：同学们好，我们现在开始上课。这是我们关于《鲁滨逊漂流记》整本书阅读的第二节课了。而且这堂课，我们取的是《鲁滨逊漂流记》的“远程信息”，不是“核心信息”。但哪怕是“远程信息”，我们也可以从整本书阅读出发，抵达我们思考的远方。这堂课，来自我们班李德元同学的一个牢骚。他说：“鲁滨逊就是因为不听爸爸妈妈的话，才流落荒岛，倒了大霉。”由此，我想到，我们可以从鲁滨逊出发，探讨一下亲子关系问题。我们这堂课一共有五个部分。

第二部分　直面现实

师： 前几天我们一起看了20世纪80年代英国人自己改编的电影《鲁滨逊漂流记》，这部电影完全改变了鲁滨逊流落荒岛的起因。谁来说说？

生： 在原著中，鲁滨逊去航海是因为热爱航海；而在电影中，鲁滨逊是因为不小心杀死了情敌，被逼远走天涯。

师： 概括得很精辟。大家觉得这样的改编好吗？

（生讨论，略。）

师： 我的感觉也是这样。事实上，《鲁滨逊漂流记》这本书根本没有涉及爱情。因为没有涉及爱情，所以反而呈现出既朴素又深刻的状态。鲁滨逊对航海的爱是很纯粹的，是来自生命本能的，不需要爱情来推动。也正是这个原因，使小说的开头非常精彩，简直是一个寓言式的开头，是一个永远充满了思考张力的开头。我们今天的课就从这个开头谈起。

【投影】

鲁滨逊和父母之间的微妙关系

我出生在一个小康人家，

父亲经商发家。母亲家是当地的名门望族。

我有两个哥哥，大哥在与西班牙人作战时不幸阵亡，

二哥一直下落不明。

我从小就接受了良好的教育。

父亲希望我学法律。

但我一心想出海远游。

我全然不听父母的恳求和朋友们的劝阻。

一天早晨，

生病的父亲颤巍巍地把我叫到他的卧室，

充满慈爱地劝我不要耍小孩子脾气，

自讨苦吃。

父亲说：

只要用心观察，就会发现上层社会和下层社会的人都多灾多难，

唯有我们中产阶层灾祸最少。

我们既不会像阔佬那样因挥霍无度、腐化堕落而弄得身心俱病；

也不会像穷人那样因终日操劳、缺吃少穿而搞得憔悴不堪。

我们将平静地度过一生，尽情地体味人生的甜美。

我们会感到幸福，

并随着时日的过去，

越来越深刻地体会到这种幸福。

当我父亲说这些话的时候，
老泪纵横，
尤其是他讲到我大哥尸骨无回时，
更是悲不自胜。
他说我如果执意去航海，
将来一定会因为呼援无门而悔不当初，
结局比哥哥还惨。
他忧心如焚，痛心疾首，
悲伤得再也说不下去了。
……

我深受感动。
真的，谁听了这样的话会无动于衷呢？
我决心不再想出海的事了，
而是听从父亲的意愿，安心留在家里。
可是，天哪！
只过了几天，
我就把自己的决心丢到九霄云外去了。
我终于还是选择了不辞而别。
不再回头。
风暴一过，
大海又平静如镜，

我因为不听父母的话而后悔的纷乱思绪也随之一扫而光，
怕被大海吞没的恐惧又一次消失殆尽，
我把自己在危难中下的决心和发的誓言，
忘得一干二净。

被困荒岛28年后，
我终于回到英国。
至此，我离家出走已经35年了。
我的父亲母亲早已经去世了。
原来的家也都不在了。

师：同学们，这就是生命的真相。按照我们现在的说法，鲁滨逊的原生家庭是很不错的。他的爸爸妈妈都是知书达理的人，也很懂教育，很懂得尊重孩子。他的父亲，为了做通儿子的思想工作，在教育情景的设计、教育语言的表达、教育情感的传递上，都是煞费苦心的。但是，无论父母多么苦口婆心，甚至愿意把一颗心都剖出来给自己的孩子，孩子还是会不听话。这就是家的真相。

……

第三部分　成因探究

师：同学们，大家想过吗？为什么和鲁滨逊的故事一样，亲人之间也会有种种矛盾？

（生讨论，略。）

师：大家看了贺岁片——周星驰导演的新作《新喜剧之王》

了吗？我们来看两个片段，这里边有我们中国人表达爱的两种典型表现。

【放《新喜剧之王》片段之一：父亲对一心要做演员的女儿破口大骂。】

【放《新喜剧之王》片段之二：父亲支持女儿去考演员，在行动上百般呵护，在语言上却狠狠打击。典型的刀子嘴豆腐心。】

师：你看，这就是有些人表达爱的方式。老师帮助大家总结一下：

【投影】

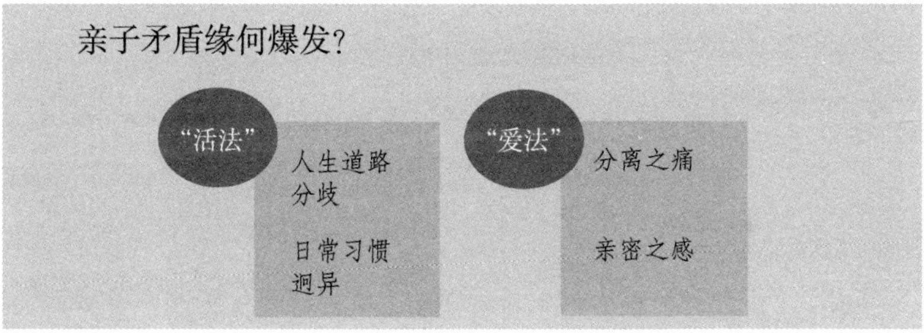

师：亲子矛盾缘何爆发？究其原因，集中体现在“活法”和“爱法”上。“活法”是指在人生道路的选择和日常生活习惯的选择上，父母亲总是希望孩子能走他们觉得最安全的道路。父母以爱的名义进行强制性的控制往往是一种无意识行为。生活习惯的差异就更不用说了。“爱法”则指分离之痛和亲密之感。（举例略。）

第四部分　和好状态

师：如何解决亲子之间的问题？在我们的日常生活中，这个问题的解决常常有以下几种状态，我给同学们介绍一下。

【投影】

第一种现象：

但最近两年的不见，他终于忘却我的不好，只是惦记着我，惦记着我的儿子。我北来后，他写了一信给我，信中说道："我身体平安，唯膀子疼痛厉害，举箸提笔，诸多不便，大约大去之期不远矣。"我读到此处，在晶莹的泪光中，又看见那肥胖的、青布棉袍黑布马褂的背影。唉！我不知何时再能与他相见！

——朱自清《背影》节选

父母子女"和好"方法

时空疗愈式：耗时漫长，不忍受，就挣扎……

偃旗息鼓式：无可奈何，不妥协，就投降……

师：这些状态都留有很多遗憾。有没有更好的办法呢？有的。

第五部分　沟通奥妙

师：我先请同学们欣赏两个视频，然后再谈你的感想和发现。

【放视频一之精彩演讲：主题为"如何跨越代沟，如何理解上一代"。】

【放视频二之电视节目《少年说》：内容为母亲和儿子关于是否要做家务的争论。】

师：这两个视频里有解决亲子问题的良药，请大家说说你的感想。

（讨论略。）

师：沟通，不是说马上就要有结论，也不是说谁输谁赢，而是通过沟通，让彼此更加理解和懂得。充分地了解别人的说法，是获得和谐关系的重要一步。我再举一些例子：

【投影展示学生谭海川“追鞋事件”图片，请谭海川同学跟大家汇报他们家解决这个问题的方法。】

【投影展示李昕妍同学播报作品图片，并且采访昕妍，请她谈谈通过了解爷爷的粤剧从而了解爷爷人生的故事。】

【投影展示“潮文件”图片，并且讲述自己和家长一起“补课”，了解新生代孩子生活方式的故事。】

【投影展示《徒手攀岩》纪录片材料，组织大家感受亚历克斯的妈妈对他的选择的理解和支持。】

师：这节课，让我们以朗读的形式来结束今天的讨论。

【投影展示《父亲与儿子》、纪伯伦《论孩子》以及《致子书》文字片段，组织学生和听课家长朗读。】

师：下面是这些年来深刻影响了我的一些心理学方面的书，推荐给大家，但愿能够帮助到大家。

【投影】

《为何家会伤人》	《爱的艺术》
《为何爱会伤人》	《你就是孩子最好的玩具》
《超越原生家庭》	

师：最后我们回到《鲁滨逊漂流记》上来。上完了这堂课，亲爱的孩子们，如果你也有了一个不被爸爸妈妈理解的航海之梦，你该如

何做？亲爱的爸爸妈妈，如果你也遇到了一个像鲁滨逊一样执着于自己的人生之路和生活方式的不听话的孩子，你又应该如何做？让我们继续阅读继续思考吧。我们的课就上到这儿。下课。

三

王　君：特别遗憾，字数所限，很多精彩无法呈现。学生和家长都特别喜欢这堂课。这堂课的专题选择、呈现方式，确实都“很王君”。上课，我总爱“在悬崖上舞蹈”。但每一堂课的初心，确确实实都绝不是为了创新而去创新。欢迎大家畅所欲言，不管是反对还是赞成，都能促进我们去寻找新的课堂建构之路。总之，今天的终极目标不是评我的课，而是通过评课探索出更多的名著导读课的路径。我们先从这堂课的“信息提取”这个角度来聊一聊，正反不同的看法都可以。

胡金辉：王老师从“鲁滨逊与父母的关系”这一远程信息出发，引导学生直面与父母之间的问题，并寻求解决的途径。这节课最大限度地开发远程信息的价值，打通了文本与生活的壁垒，指向学生的精神成长，极具探索意义。

郑　丹：这节课借力发力，借鲁滨逊与父母关系探讨如何处理学生自己与父母的矛盾，立足于学生的现实需求，着眼于学生的认知改进，从整本书中的远程信息切入，重新构建“阅读场”，打造“生命场”，让学生在潜移默化中获得人生真谛。

吴凤云：王老师的课一向有“治愈”功能，但是，从整本书中提取一个“远程信息”进行深入挖掘，会不会使学生只见树木不见森林，只获得一些碎片化的知识？以此作为主要教学价值与内容，会不会忽略了名著的人文内涵与文学价值？

司艳平： 王老师这节课立意恒定之巧、内容选择之丰、思想争锋之烈，令人大开眼界。赞叹之余，有些疑惑：整本书阅读的信息提取的标准应该如何界定？抛开整本书既有文字信息重新建构，是不是合适？会不会让课堂失去语文味呢？

夏海芹： 日本有一位传奇教师桥本武，追求“绕远才是王道”。这节课看似“绕远”，突破学科边界，突破纸质媒介，重新构建课堂，实则是更好的“回归”。学生解决了生活困扰，产生了新的阅读感悟，再回到文本，就会有不一样的视角。

陈建红： 这节课的“远程信息”是从学生的需求而来，“边缘信息”的提取横纵勾连，主信息是整本书相关内容，辅信息有相关的文字、影视材料等，学生根据老师引导或阅读或倾听或回答，这是不是辅助型的学习？这样引领合适吗？

王　君： 大家的肯定和质疑都很可贵。我自己是这样认为的：对于一本书而言，既有“核心信息”，也有“边缘信息”，还有“远程信息”。我的这堂课，属于典型的根据学生的困惑选取“远程信息”，来进行设计的课。现在大家研究整本书的导读课，维度是很多的，但我几乎很少看到立足于这个角度的实验和阐述。我想，如果我们不只依赖“核心信息”，而是当学生在“边缘信息地带”和“远程信息地带”流连的时候，也能够提供非常有价值的引导，那是不是能够让整本书阅读更可亲一些呢？这是我的想法和探索，供大家思考。聊了“信息提取”之后，我们换个角度，从“信息处理”的角度来琢磨琢磨。咱们先看郑丹老师的评课。

“咔嚓” 剪下一枝绿

——品王君老师《鲁滨逊漂流记》整本书阅读（之二）

文/郑丹

梁衡评端木蕻良的《背影》时说：“生活之树常绿。但要从根到叶地来写一整棵树是很困难的。这种‘咔嚓’一声一枝绿、剪送读者去赏析的方法，我以为大可提倡。”王君老师不仅从整本书这棵树上“咔嚓”剪下“远程信息”这枝绿，还扦插成活，使之独立生长：既传承整棵树的绿色基因，又蔚然成荫相互守望。

（一）慧眼识绿，“生”意盎然

“咔嚓”一声，不是随处可剪、随意去剪。那些生命力不强的枯枝残枝不能剪，而要选择生机盎然容易成活的枝干。本节课，王老师选择了主干“核心信息”之外的别枝“远程信息”——鲁滨逊与父母的关系。这一枝来源于学生无意中的抱怨，鲁滨逊不听父母的话导致受苦，可谓“生”意盎然。学生这种阅读感知是模糊的、粗浅的，可又是真实的、普遍的。亲子关系，超越时空超越种族，是每个人都要面对的。王老师敏锐地捕捉到学生的“心灵悸动点”，将之明晰化、深入化，因而与学生同频共振引起共鸣。这一枝虽是旁逸斜出，但传承着整本书的基因，连接着学生的心灵，具有强大的生命力，值得剪。

（二）精心架构，通畅舒展

再绿意葱茏的枝干，如果随意处置，也可能无法再生，需要架构绿色通道。王老师首先进行顶层设计，既全局观照又细部勾连。

围绕着与父母的矛盾设计流程，从现象到原因，从解决常态到正确方式，符合发现问题、分析问题、解决问题的客观规律，遵循逻辑自证原则。它是整个课堂的支柱，只有架构的通道顺畅，绿枝日后才能任意舒展、汲取养料。具体到每一个流程的内容，王老师也是前呼后应的。

（三）巧手扦插，根深叶茂

要做到绿枝与新的环境水乳交融，重新焕发生机，需要园艺师巧妙扦插，无痕衔接。本节课，王老师两次大规模呈现相关材料，这些材料内容丰富、形式多样、指向明确，动画片、电影片段、散文、电视节目、新闻，还原了阅读的原生态，又将碎片系统化，给予绿枝丰厚的土壤、充足的阳光和水分，助其快速融入。让学生根据材料讨论，训练学生信息处理和超文本阅读能力，契合信息时代阅读要求。同时，老师及时点评，相机点拨，将学生思考的触须引向深入，最后总结将个性化的讨论上升到共性的高度，帮其扎根大地。设置情境采访学生和家长，让学生上台现身说法，激发出绿枝的力量。至此，绿枝自由生长、根深叶茂。

四

王君：谢谢郑老师的分析。我这样很“另类”地来上课，是有一个“建模”的“野心”的——建造一种整本书阅读的模型。我想由此启发、鼓励学生：哪怕是从整本书的“一角”出发，也依旧可以挖掘出一条思考的大道。阅读者是自由的！总之，选取这样一个另类课例来研讨，我就是希望为大家“松绑”，希望大家胆子再大一点儿。整本书的信息提取，要有个性鲜明的落点；整本书的信息使用，要有奔突强劲的张力。接下来，请大家选择一本自己感兴趣的书，各从“核心信息”和“远程信息”两个角度做练习，简述两个教学方案。一线老师如能为自己的课堂“建模”，善莫大焉。

胡金辉：在教《海底两万里》时，我抓住文本“核心信息”——勇于探索的科学精神进行设计。课堂流程为：说故事，引出主题，说一说书中哪个故事最能体现勇于探索的精神，并引导学生一起品读“海底森林”“大冰盖”等段落中的精彩语段，体会人物对未知世界的探索精神；品人物，把握主题，对比阿龙纳斯教授和尼摩船长，以辩论的形式来讨论，谁更具有探索精神；拓展联结，深化主题，联系《伟大的悲剧》《太空一日》，讨论探索精神的意义。

从文本的“远程信息”——书中人物对尼摩船长的评价出发，我确立课堂主题为“正确评价他人”。课堂流程如下：闲聊激趣说尼摩，让学生说一说自己对尼摩船长的印象，导入新课；书中人物评尼摩，梳理阿龙纳斯教授、康赛尔、内德兰德三人对尼摩船长评价的变化，引导学生认识到评价主体的修养、思维方式和对评价对象了解的多少，都会影响我们对他人的评价；勾连经典，联系生活，联系《论语》中的名言，分析实际案例，谈一谈我们该如何正确地评价同学。

郑　丹：我上《追风筝的人》时，将“核心信息”定为伤害与救赎，确立“向阿米尔学习为自己的错误买单”的主题。首先梳理出阿米尔对哈桑的伤害情节，采访学生“如果你是阿米尔，你会怎么做”。其次联结《复活》中聂赫留朵夫对玛丝洛娃的伤害、电影《少年的你》中魏莱对胡小蝶的伤害等，引导学生讨论伤害的原因。再次梳理阿米尔救赎索拉博的过程，和学生讨论总结“救赎就是有良知的人重新唤醒良善”，再用聂赫留朵夫的救赎和魏莱的反复伤害从正反两面印证此观点。最后设置生活情境让学生畅所欲言。

我又将《追风筝的人》的“远程信息”定为拉辛汗对阿米尔的影响，确立“寻找自己的心灵导师”的主题。先呈现相关材料：拉辛汗对阿米尔的心灵援助、《钢铁是怎样炼成的》朱赫来对保尔走上革命道路的引导、王君老师对我及工作室成员的引领，说明人的成长需要心灵导师。接着讨论心灵导师的特点。最后探讨寻找路径。

司艳平：我上《简·爱》时，确立课堂中心为“小女子的大声音”。整个课堂流程为：对话聊书，导入新课；主线理读，读清情节；定点研读，读通人物；勾连融读，读懂作者。课堂设计以提取核心信息为抓手，立足名著本身，帮助学生梳理情节，迅速把握信息；分析小说的人物形象，与人物产生碰撞；深悟作品的自我意义与时代意义，环环相结。

在此基础上，我又设计出一节课，着力于“远程信息”的角度。课堂定点为“爱情是什么”，从东西方表达爱情的不同方式入手，预热课堂。然后与学生分析美好爱情的特质，启发学生畅所欲言，随之进行思辨发问，让学生思考简·爱与罗切斯特的爱情是不是好的爱情，学生可一体两面地分析。再勾连《平凡的世界》，抛出“你最喜欢哪两人的爱情”的问题，启发学生与名著碰撞。最后让学生选择名著里的人物做自己的男女朋友，畅谈爱情形象，以舒婷的《致橡树》作为结束。需要说明的是，这节课的部分立意参照王老师的设计。

陈建红：我在教《西游记》这本书时，从“核心信息”角度确立主题为“团队和谐共生，真经唾手可得”。教学流程：我们一起走“西游”（学生展示取经路线图，梳理人物、情节）；我们一起话

“西游”（取经历险一关又一关，面对八十一难，你有哪些启示）；我们一起论“西游”（西游无极限，团队是关键）。小至底层取经团队众志成城力排艰险，大到顶层神仙团队通力协助一路相保，最后捣乱团队魔怪们俯首臣服。取经的画卷犹如一个个人物的成长史，恰如一个个社会生活的缩影，人物形形色色，事件错综复杂，最终都应和谐共生，才能共享美好。

接着，我着力“远程信息”设计了提升课。以孙悟空为前台人物，唐僧、沙僧、八戒等为辅助人物，主题确立为“当人生遇到险阻时，迂回重建后亦可光明无限”。设计思路是：大闹天宫，生命的糟糕期；受制于紧箍咒，生命的调整期；跟随师父修成正果，生命重建的光明期。其中联结了《生命的重建》《活在恩典中》，还有相关的视频及文字材料。

吴凤云：在教《骆驼祥子》这本书时，我先抓住“核心信息”——“旧社会不让好人有出路”这个主题进行设计。流程如下：一是体验导入，激发兴趣，用改编歌词的方式抒发自己的阅读体验。二是纵向比读，梳理情节，初步思考小说主题——以书中某一物体为参照物看祥子的前后变化，思考变化原因。三是横向比读，把握人物性格，深入思考小说主题——同中比异，异中求同，既看到不同车夫的不同性格，也看到他们共同的结局。四是跨文本比读，深化主题——与车夫《老王》对比，思考个人奋斗与时代的关系。五是用课文诗《人生不只是一场自我救赎》结尾。

然后我又以“人生如逆旅，我亦要成长”为题，着力这本书的“远程信息”设计了一节课。从买车与丢车、理财与失财、爱情如何选择、团队关系怎样构建等方面，引领学生研讨祥子怎样成长可以避免人生的悲剧，再联结《钢铁是怎样炼成的》《简·爱》两本名著，把祥子和保尔、简·爱进行对比阅读，意在告诉学生，不管在怎样的时代，有着怎样的处境，成长自己，坚守初心都是不可少的。

夏海芹：教《骆驼祥子》一书时，我确定的“核心信息”是“在沙漠里养不出牡丹来”。课堂分为两个环节：一是梳理情节，勾画祥子人生轨迹图；二是关注称呼，探讨祥子悲剧命运源。其中，第二个环节是教学主体，从主人公的称呼入手，通过比较“祥子”阶段、“骆驼祥子”阶段、“骆驼”阶段人物的言行变化，辨析主人公从希望到失望再到无望的心理变化，进而探察导致祥子悲剧命运的社会根源，得出“社会是一望无际的沙漠，在沙漠里养不出牡丹花来”的主题。

祥子曾说“不认命，就得破出命去”，而他所谓的“破出命”恰恰是“认命”的体现。由此，我撷取“远程信息”——“我的命运谁做主”作为教学主题。开课之初，从“祥子对孙侦探的退让、对虎妞的妥协、对小福子的拒绝”等情节中，得出“缺少有效抗争，是祥子悲剧的个人原因”的结论；然后横向比读海明威的《老人与海》；最后联读当下“积懒成笨”的观点和哪吒“我命由我不由天”的呐喊，帮助学生树立“我的命运掌握在我手中”的信念。

王　君：谢谢大家的各种创意。读了这么多的设计，我的感觉是很多老师的“远程信息”其实还是“核心信息”。这可能是潜意识中的“坚守”，可能是很难挣脱的“束缚”。我们要把自己“打出常规”，其实蛮难的。这也就是创新的艰难之处。文本“核心信息”“边缘信息”“远程信息”理念，是我面对教学一线的真实困境的一次突围性质的思考和实践。这样的实践即便在是否符合语文学理上会引发质疑和争论，我觉得其意义也是巨大的。学生的需求大于一切，课堂模式的建设应该主动去应答这样的需求。整本书阅读是个新东西，不“出格”，哪里可能“破局”。为语文攀一座山，开一条路，我们都要勇敢一点儿，再勇敢一点儿。下期，我们继续勇敢！

第三期

创新课型，
自我建模

本期研讨者：青春语文名师工作室成员

王　君　吴凤云　史丽芬　杨晶晶

徐方方　林俊华　严文君　俞春霞

一

王　君：老师们，前两次探讨，我们着力于整本书阅读教学要帮助学生“打通教法和活法”和“既关注核心信息，又关注远程信息”两个关键问题。今天我们来聊一聊第三个重要的话题：整本书阅读指导的课型意识。我一直有一个观点，即没有任何一种教法可以包打天下，也没有任何一种课型可以包打天下。从不同的维度开发不同的课型，是教学局面得以打开、教学格局得以扩大的重要原因。整本书阅读教学也是一样，具有了清晰的课型意识，教师的课堂思路才能走出逼仄，走向开放。

王　君：名著阅读指导的课型探索和课型创造是一件很有意义的事情。因为现在的研究定论并不多，所以每一位老师都有属于自己的创造空间。比如我们后面几期要着力研究的是青春语文“文本特质理论”下的课型创新，研究名著阅读指导的主题型文本课堂、语用型文本课堂、写作型文本课堂、积累型文本课堂、诵读型文本课堂、思辨型文本课堂、跳板型文本课堂。这些是我的创造，经验已经证明了这样的课型创新是有价值的。但教学科研是非常个性化的事情，我更希望的是，在这个维度之外，每一位老师都应该有属于自己的思考：根据自己的班级特色、自己的教研趣点，去开发自己的名著阅读指导课型。这样做的好处是让教研更加因地制宜——让教研能够真正为“自己的学生”服务，同时也为“自己的成长”服务。

王　君：我们青春语文名师工作室的吴凤云老师和史丽芬老师是很有前瞻意识的。她们不仅在整本书阅读教学研究方面行动早、成果多，而且她们也是最早有整本书阅读教学的课型意识的老师。我们今天的研讨就从凤云老师的一篇关于《水浒传》课型介绍的文章开始。

三种课型助力，名著阅读生根（精简版）

——以《水浒传》阅读为例

文/吴凤云

经典名著的价值在于典范语言的熏陶，在于心灵的滋养，在于对人类精神的终极关怀。因此，统编教材构建了教读、自读、课外阅读三位一体的阅读体系，把名著阅读提到了前所未有的高度，要专门治治语文教学中不读书和读书少的通病。

然而，很多一线教师苦于应试的压力，在带领学生进行整本书阅读的过程中往往会犯以讲代读、以练代读的功利性错误，不少学生流于快节奏的碎片化阅读，往往把阅读停留在浅阅读和假阅读层面上，难以走向深阅读和真阅读。

以《水浒传》阅读为例，谈谈我通过上导读课、语言鉴赏课、交流课三种类型的阅读课，把名著阅读落到实处的探索。

（一）导读课

导读课的作用是在学生与名著之间架起一座桥梁，开辟一条通道，使学生对名著产生阅读期待，激发阅读兴趣。

教学片段：

活动：《水浒传》中塑造了众多人物形象，其中个性鲜明的就有108个，读目录，勾画目录中出现的人物绰号。给大家十分钟时间，看谁能说得最多，要求绰号和姓名一起说，前三名坐我班“水浒琅琊榜”前三把交椅，并获赠老师为其拟定的绰号。

在这堂导读课上，我聚焦这部小说的人物，通过任务驱动，让学生在一个个小活动中激发对《水浒传》的阅读期待。

（二）语言鉴赏课

语文课程的性质决定了语文是一门学习语言文字运用的综合性、实践性课程，所以，不管是学习单篇课文还是进行整本书阅读，都不能忽略品味作品语言、学习运用语言的训练。本书最大的语言特色是口语化，运用了很多山东地区的方言俚语。在教学中，我设置了这样的语言活动，让学生体会这个特点：

任务之一：用积累的方言俚语创设情境写一段话。

生：当日下午，日薄西山，放学铃声刚刚响起，同学们早已背起书包，冲出校门。班里只剩组长和我面面相觑，组长思忖片刻，说道："既然他人都跑了，咱俩还值日作甚。"待其要跑，被我一把拉住："你这厮好不晓事，你是组长，须你担这担子！""关我甚事！""如你敢跑，休怪老师明天责怪。""你这撮鸟，他人都跑矣，若是怪罪下来，也是他们的干系。"

学生在积累与写作的过程中体会到本书口语化的特点，有利于感知人物形象，增强对祖国多种语言现象的自豪感，也会因古为今用、半文半白而生发出阅读趣味。

（三）交流课

此课的目的是让学生在合作探究的基础上进行深度交流，借助"班级读书会"有层次的活动设计，回顾、梳理、提升精读原作后的认识，碰撞思维，完成生命的交流和共享。

教学片段：

师：我们要用批判性思维看待《水浒传》中的侠义精神，既要看到它的精华，又要看出它的糟粕。下面，我们就聚焦一个人物，以李逵为例，展开一个小小辩论赛，正方观点：李逵是真豪杰；反方观点：李逵是假英雄。

正方：我方认为李逵是真豪杰。李逵不仅饶了打劫的李鬼，还赠送银子，这说明他有善心；李逵想把母亲接到梁山来享福，这说明他有孝心；李逵明知道宋江给自己的酒里有毒，还是一饮而尽，这说明他有忠心。一个有善心、有孝心、有忠心的人，你能说他不是真豪杰吗？

反方：我方认为李逵是一个假英雄。侠义是指有社会责任感，扶贫济困，肯舍己救人的，可是李逵嗜好杀人。在江州劫法场时，李逵为救宋江，砍翻两个刽子手，杀得兴起，不管男女老幼，见人就砍，晁盖对他喝阻也无效。几乎每次战斗，他都要杀死无辜的平民百姓。

……

这样的交流课，让学生了解了我国的侠文化，受到文化的熏陶；学会用批判性思维来读书，不尽信书；学会思考自己正确传承侠文化的方式，有一份社会担当。

整本书阅读因其容量大、内容广、意蕴深、时代远等多方面因素，常常使学生产生想说爱你不容易的心理，只要我们语文老师坚守课堂，兼顾课外，上好三种课型的阅读课，就一定会实现使学生的假阅读变成真阅读，泛阅读变成深阅读，娱乐化阅读变成实用性阅读的愿景。

王　君：谢谢凤云老师的思考和尝试。请大家更多地从课型设计的角度，也适当结合吴老师的教学内容，谈一谈对她的做法、观点特别是课型划分的认识。优点与不足都请畅所欲言。

严文君：有学者曾说：“‘课型’是让散漫无序、形式和内容迥异的各种课成‘型’。”导读课的宏观引领、鉴赏课的言意共生、交流课的思维提升，凤云老师力求让名著阅读课有序、有趣、有用，很有创意。

史丽芬：吴凤云老师的三种课型为我们带来三种思考：绰号趣解激发兴趣，口语赏析提升认知，人物分析加深理解。知识的聚焦、课型的分类让学生更明确本课重难点，做到了有的放矢。

徐方方：凤云老师的三种课型由浅入深，由外向内，步步推进，活泼扎实。每种课型的设计都目标明晰，抓手巧妙，如导读课抓绰号，语言鉴赏课抓方言俚语，交流课抓侠文化。方式灵活，读说赏思写辩俱全，寓教于乐，学以致用，可谓善教也。

俞春霞：吴老师的三个课型跟王君老师所说课型似乎不是一个概念。对照王君老师的课型标准，吴老师的“导读课”属于“积累型文本课堂”，“语言鉴赏课”属于“语用型文本课堂”，“交流课”属于“思辨型文本课堂”，课型表述宽泛不够明晰。

林俊华：每种课型的设计与实施，都应建立在文本与生本情况的基础之上。读前导读，侧重激发学生兴趣，引发质疑。读中促读，重在方法指导和深入探究。读后交流，可从共鸣与争鸣等维度，生生、师生、生本等多角度寻找异同之处。

杨晶晶：参照杜威的思维理论，吴老师的思辨型交流课议题明确，以议题为任务驱动，课堂缺乏训练思维能力的路径，连贯性不够。另外，缺乏自我反思的思辨型课堂是不完整的，可增加引导学生基于标准评估、审查自身认知的环节。

王　君：凤云老师这篇论文的题目最夺人眼球的就是“课型”

这两个字，它意味着凤云的思考一开始就是有高度的。课型划分最重要的问题是划分标准要一致，如果几个标准杂糅在一起，课型也就杂糅了。我建议凤云可以更深一步地思考："导读课"的重心在"导读"，目的是名著阅读的激趣和开启，是时间维度、程序维度的一种表达；"语言鉴赏课"的重心在"语言"，是名著教学内容的范畴，相当于我们的"语用型文本"，是内容维度的一种表达；而"交流课"着力于"交流和思辨"，似乎更落点在一种具体的教学方法上，是方法维度的一种表达。一方面，我觉得凤云很伟大，她的名著阅读教学探索的维度很丰富；另一方面，我觉得凤云的思路还可以更清晰细腻，可以尝试把这些"维度"重新梳理检视，想一想：哪些可以合并，哪些可以再开发？听了大家的讨论，凤云在课型上有些什么新想法呢？

吴凤云：经过思考，我想把三种课型从进度维度上统一归类，然后每个阶段再开发不同课型的课：阅读前的导读统归为起始课，以合适的切入点和抓手开发不同课型，比如以目录为抓手开发的"目录管窥看西游，心性修持悟大道"；阅读中的促进统归为推进课，可以开发语言鉴赏课、知识竞赛课、比较阅读课、专题探究课等课型，比如以探究革命领袖为专题的探究课"红星耀中国，传记显精神"；阅读后的交流统归为总结课，可以开发读书交流会、专题探究成果展示会、论文报告会等课型，以促进阅读后的深度交流。

二

王　君：接下来，我想给大家介绍史丽芬老师的探索成果。史丽芬老师在我们的团队中，也是最有创造力和实践精神的。她的名著阅读指导做得非常扎实。她在课型方面也有自己的思考，她的“叩门课+玄关课+厅堂课”的课型提炼，我觉得很有“丽芬特色”，课型划分的维度很清晰，很有实践意义。先请丽芬介绍一下这三种课型。

史丽芬：我在指导学生阅读名著时实行阶梯教读法，层层推进。在阅读前，结合经典话题、热点时事设计叩门课让学生初步感知本书内容，走进名著。玄关课选取学生感兴趣的切入点，将现代理念与名著内容相结合，引导学生精读文本，见识别有洞天的深邃。最后通过厅堂课，引导学生登堂入室，对整书的价值和意义进行思考。学生整合信息，汇报讲解，是总结也是暂别，为了学以致用，也为了遇见更多经典。

王　君：《红星照耀中国》不是很讨学生喜欢的名著，所以阅读指导相对艰难。但丽芬老师利用她的“三课型”把这本书的名著阅读指导做得相当漂亮。下边请丽芬老师展示一下她的这三种课型三个课例。

为什么我们对这土地爱得深沉

——《红星照耀中国》叩门课（课堂实录节选）

授课/史丽芬

第一部分

师：作家夏立君说过，人是唯一有历史与精神记忆的物种，对强化自我认识来说，历史比现实往往更有用、更易用。读史可以让我们更明确前行的脚步，在现实中更从容睿智。身为中国人，你觉得中国在国际上的地位如何？你看过哪些相关的新闻报道呢？

生：在军事装备上数一数二。

生：在某些方面还会受到质疑，比如秩序、卫生等素质方面。

生：……

第二部分

【PPT展示】

守边将士、消防员逆行、医生救人等图片。

师：我们安居乐业，静享生活是因为这些无名英雄的守护。也许我们的国家还不完美，但她已经是世界上最安全的保护伞。

【PPT展示】

抗日战争时期千疮百孔的中国图片，改革开放后城市图片。

师：今日中国人国际地位的提升，不是因为世界友好了，而是我们的中国强大了！“国家兴亡，匹夫有责”，爱国事关每一个中国人。

第三部分

师：在《红星照耀中国》这本书中，你印象深刻的有哪些共产党人？哪些事情让你感动？

生：周恩来，他学问高，可以流利说英语。

生：朱德，他平易近人，爱兵如子。

生：……

师：当初被战争摧残，满目疮痍的旧中国，尚且有那么多仁人志士拼尽全力拯救。如今中国正逢盛世，也许还有需要改进的地方，但请你一定不要诋毁她，一定要爱护并想方设法建设她，因为没有国，就没有家，更没有你和我。

向红军学习断舍离

——《红星照耀中国》玄关课

第一部分

师：被誉为“山中宰相”的陶弘景在面对梁武帝的屡次礼聘时，用一幅双牛图婉拒，他自喻没有金络头的野牛，才能散放水草间，不受绳杖驱驰，享受难得的自由，这就是一种断舍离。

【PPT展示】

断：不买、不收取不需要的东西；舍：处理掉家里没用的东西；离：舍弃对物质的迷恋，让自己处于宽敞自在的空间。“断舍离”是指通过由外向内，不断重新审视自己和物品的关系，达到生活的至简。

师：生活中你觉得哪些物质能断舍离？在加重的学业负担和爱好之间如何取舍？

生：衣服、学习用品、玩具……

生：我会坚持爱好，当作学习之余的放松。

师：取舍就是权衡，我们要集中精力做喜欢的事情。那么在抗日战争时期，红军们是如何做到断舍离的呢？

第二部分

师：阅读下列资料，分析红军将士们追求什么，舍弃什么。

【PPT展示】

战略战术

中心战略却必须是运动战，而着重依靠游击队战术。深垒战必须利用，但这在战略上只是辅助的和次要的。

生：红军在必要时会放弃自己的阵地，保存有生力量。这和农村包围城市是一样的道理。

【PPT展示】

对待俘虏

我们将欢迎并优待被我们俘获的和解除武装的日本官兵。我们不会杀他们……我们的口号是："联合起来反对共同的压迫者法西斯头子！"

生：杀无赦是暴政，只会加深仇恨，加剧战争。红军非常明智，善于争取一切力量，包括国民党和日本人。

师：多少战士的亲人死在"敌人"手里，想要原谅并宽恕这些曾拿过屠刀的人是需要极大理性的，这里断舍离的是仇恨，留下的是和平的希望。

【PPT展示】

撤离物质

兵工厂拆迁一空，工厂都卸走机器，凡是能够搬走的值钱东西都装在骡子和驴子的背上带走，组成了一支奇怪的队伍。随着征途的拉长，这些负担大部分都得在中途扔掉，据红军告诉我，成千上万支步枪和机枪，大量机器和弹药，甚至还有大量银洋都埋在他们从南方出发的长征途上。

生：这是反"围剿"失败后，红军在"逃难"过程中做出的最艰难的选择，他们断舍掉的是武器弹药，是真金白银，保住的是宝贵的生命。

师：特殊的革命时期物质匮乏，也许选择是迫于无奈，那么在相对安逸的环境中又会如何选择呢？

【PPT展示】

延安抗战时期，红军衣食住行等方面的情状。

师：新中国成立后，红军这种简朴作风得以传承和发扬光大。如今我们生逢盛世，物质生活前所未有的丰厚，可是很多人沉迷名牌，追求外在的“包装”，却忽略了内心的追求。所以审视自我，做一个断舍离的精致生活主义者吧。

通往和平的红星之路

——《红星照耀中国》厅堂课

话题：一群人

学生汇报展示：毛泽东、周恩来、朱德、彭德怀等的事迹和精神。（感知报告文学真实客观、用事实说话的写作手法。）

师：整合他们的成长史，就是整合老一辈革命家的命运史，也是整合国家的发展史。他们的精神一路指引着我们，不断前进！

（生齐读《沁园春·长沙》。）

话题：一次长征

师：翻开书，我们看到了一件件重大事件，一个个倒下的光辉身影，一幕幕动人的瞬间，把我们带回那个战火纷飞的岁月，感受着红军向死而生的精神。

学生汇报展示：长征重要转折点以及重大意义，动人事迹和长征精神。

师：每个人的人生历程又何尝不是一次长征呢？每当遭受困苦时，愿读过的文字能成为你继续前行的动力。

（生齐读《忆秦娥·娄山关》。）

话题：一种信念

师：斯诺还未到苏区就追问过："他们的领导者是谁？是不是受过教育的人？有热烈的信仰吗？"他得到答案了吗？

生：斯诺从不解到困惑到了解再到感动，在与红军的深入接触中，慢慢为红军的格局、团结、奋斗、乐观所感动，最终成了红军的好朋友，通过自己的笔墨把红军的思想传播出去。

师：在几乎被外界隔绝，生活物资、军需、书籍等极端匮乏的情形下，在日本已经侵占了东三省并进一步扩大侵略的情况下，中国人民能否打败并且肃清日本的武力呢？

【PPT展示】

他回答说："三个条件可以保证我们的成功：第一，中国结成抗日民族统一战线；第二，全世界结成反日统一战线；第三，目前在日本帝国主义势力下受苦的被压迫各国人民采取革命行动。在这三个条件中，主要条件是中国人民自己的团结。"

师：统一战线在我们现在看来是理所当然的一件事情，但在当时又是怎样的情形呢？

【PPT展示】

战争后满目疮痍的废墟资料。

师：几乎每一个红军都与国民党反动派有着不共戴天的血海深仇，普通的百姓，甚至幼小的孩子都无辜惨死。在这样的仇恨面前，放下恩怨是何等的难事。

师：那亲人的血海深仇和国家的和平生活，该如何选择？

【PPT展示】

一种不掺情感的客观性，是以人情为政治中心的中国从来所没有的。这种客观来源于中国必须胜利的坚定信念，牺牲小我的大爱才能换来统一战线的成功，才能有今日的盛世中华。

（生齐读《沁园春·雪》。）

师：生而不易，我们何其幸运活在新时代的中国，就算人生路上遭遇种种考验，也希望大家抱定信念，走出一条新的长征之路。

王　君：请大家谈一谈学习体会吧，可以扣紧"课型"这个研讨要点，也可以从其他方面谈。

俞春霞：史老师用三个专题将主题课型和思辨课型融合，带领学生围绕名著逐阶前行。既有对文本的观照，又有对现实的审视；既有对历史的尊重，又有对当下的启发。史老师对名著的研究和驾驭的功底可见一斑，对学生的引领和指导的用心可见一斑。

林俊华：名著阅读基于阅读阶段设计不同课型，是文本与生本意识有机结合的体现。读前的"叩门课"激发热爱，读中的"玄关课"引发兴趣，最后的"厅堂课"对标价值与意义。该设计全程为学生提供有"用户"意识和"产品"意识的服务。

杨晶晶：三课一体，史老师旨在培养学生宏阔多元的思维方式。特别是玄关课用时尚的"断舍离"话题构建起具有历史局限的文本和青少年精神这巨大跨度间的桥梁，红军的生存方式、人生内容等很好地成为学生体悟生命、省察人生的"标本"。

严文君：整本书阅读如何防止学生浅尝辄止？丽芬老师的三种课型给出了很好的参考。课型清晰，层层深入。既有实实在在的阅读方法指导，又立足学生心灵现状，挖掘名著探究点、勾连生活智慧、渗透民族文化，强健了学生精神，启迪了学生心智。

徐方方：三种课型，三种使命。一为导读激趣，二为学会生活，三为精神引领。我特别欣赏第三个课例，史老师选取了整本书的核心信息，循着三个“一”的精神线索，引领学生走进精神高地。课堂上既有对平日阅读成果的检阅、整合，又有深化提升，大气厚重。

三

王　君：学习了凤云和丽芬的成果之后，我们再来个头脑风暴：如果为你的学生服务，你可以在名著阅读的课型方面做出哪些尝试呢？不要被别人的研究套住了手脚，你完全可以从一个很小的维度出发，去创造自己的名著阅读指导课型。这个“维度”找到了，你的“课型”就有了。

俞春霞：立足主题型文本，我选择在一个主题下设计整本书阅读的“演读主题课”“评读主题课”“联读主题课”等课型分阶解读名著，主题要求不仅引领学生抓住细节、深入语言，还要具备一定的张力，有效引发学生进行多元思考，同时还要观照学生的现实生活。

林俊华：整本书阅读不能把“整”字变成动词，对文本要有整体意识，对学生要有“用户”意识，课型的设计与运用是为文本和学生服务的。读前“导”，读中“促”，读后“共鸣”与“争鸣”，这三步是我与学生共读名著的课型理念。

史丽芬：我将继续完善叩门课、玄关课和厅堂课的名著阶梯教学设计，带领学生逐步深入到名著阅读中，让经典落地生根，更接地气。同是，我还将结合文本，拓展与生活的切合点，激发学生广度联想和深度思考，让名著焕发经久不息的生命活力。

杨晶晶：立足思辨型文本，我将着力进行连贯思维训练课和反思思维训练课两种课型的研究。课堂教学以提供路径、抓手为重点，比如以培养学生某种思维品质为任务驱动，以杜威的反思性思维理论为具体路径、抓手，引导学生获得精神成长。

严文君：课型的多元设计旨在助力学生会读书、爱读书。从内容的维度出发，可设计经典启程课、心灵驿站课、与书同行课，打通阅读和生活，选取书中有价值的“心灵悸动点”，分组合作探究，驱动学生更深入、系统地进行整本书阅读。

徐方方：今天的讨论给了我很多启示，我想这样来设计：一是时间维度，根据学生阅读的不同阶段设计为三种类型——初读感悟课，按计划读完有关章节，熟悉内容，初谈感悟（印象、语言、结构、疑惑等）；细读分享课，分享形式多样，如竞赛、表演、演讲、朗诵、报告会等；研读表达课，以图文固化阅读成果。二是内容维度，可以分为语言鉴赏课、人物评论课、庖丁解牛课（结构）、故事评说课、写作技法课、生活智慧课、精神引领课（人格提升课）。三是方法维度，可分为辩论课、竞赛课、表演课、思维导图课、圆桌对话课、演讲课、朗诵课。

王　君：方方建模很全面。开发课型就是为自己的课堂建模，这是名著阅读指导课的基础工作。这个“模”建好了，我们的课堂设计就会有方向、有路径、有目标，我们的思路就会相对开阔。下一期，我们着力研讨名著阅读“取点”的问题，期待再会。

第四期

散点焦点，各得其妙

本期研讨者：

王　君　陈忠文　陈海亮　罗云斌

梁海燕　陆　艳　吴凤云　章国华

一

王　君：欢迎大家！特别欢迎陈忠文老师工作室的朋友们。关于整本书阅读教学，我们已经在三个问题上进行了研讨：第一，整本书阅读教学怎样帮助学生打通教法和活法；第二，整本书阅读教学既要关注核心信息，又要关注远程信息；第三，整本书阅读教学要主动创新课型，自我建模。俗话说，如果你的手上只有一把锤子，那么你看什么都是钉子。整本书阅读教学也是这样，如果你的课型单一、审视一本书的视角单一，那么你开发出来的课就会缺乏和文本灵魂、学生心灵呼应的敏锐度。具有良好的整本书阅读课程内容开发意识的老师，他们有一个共同的特点——使用不同的思维工具，以不同的方式进入文本。你的教法就是你的活法，你看这个世界的方式往往就是你看文本的方式。你丰富，你看文本的方式就丰富；你灵动，你在整本书阅读教学中的取点就灵动。

王　君：我们今天着重练习两种整本书阅读教学的取点方式。先从两堂《骆驼祥子》的名著导读课开始。请海亮介绍一下这两堂课的背景。

陈海亮：王君老师和陈忠文老师都是我的人生导师，两个工作室的合作与碰撞是必然的。王君老师每学期末都要来温岭一次，对工作室成员开展面对面的指导，借此机会我牵线搭桥，于是有了本次同课异构教学活动的“豪华盛宴”。

王　君：陈老师一直都是我敬佩的人。能够和他一起进行这次教研，我觉得很开心。上课之前，我和他在两个不同的城市备课，我们也没有任何讨论。我相信，两位中年特级教师是一定能够碰撞出火花的。

而这些火花一定会为我们的整本书阅读教学研讨提供鲜活的素材。果然，我们两人的课堂教学呈现出截然不同的面貌。同样的一本名著，我们开发内容的路径是完全不同的。好，请先看课。陈老师呈现的是教学设计全貌。我呈现的是课堂实录简化版。

阅读即发现

——以《骆驼祥子》导读课为例

设计/陈忠文

一、教学设想

课型为阅读后整理课，教学重点是以《骆驼祥子》为例，梳理和掌握阅读小说的基本知识与方法，如圆形人物、故事叙述节奏、反讽的描写手法等，帮助学生深读细读经典名著。

二、学生准备

阅读《骆驼祥子》后，请以“祥子”为中心，画一画小说中的人物关系图，并在适当的地方写一写批注。

三、教学过程

（一）阅读分享

1.知识竞赛。解释祥子“骆驼”这个外号的来历，复述祥子“三起三落”的主要故事等。

设计意图：回顾整本书的基本内容。

2.学生展示人物关系图。学生交流展示并说明自己所准备的人物关系图，在此基础上分享自己的阅读体会。

设计意图：检查阅读任务完成情况，聚焦人物形象分析。

（二）阅读指导

1.为什么是这样一些人物？

讨论：当我们把《骆驼祥子》中的这些人物的名字罗列在一起时，你有什么发现？

板书：祥子、小福子、虎妞、老马、二强子……

孙侦探、曹先生、刘四爷……

教师点拨：阅读小说，关注人物是非常要紧的。人物形象的多个方面都值得去琢磨，哪怕是一个简单的名字。

设计意图：梳理小说中的主要人物，初步了解小说的反讽手法，从人物关系中去领会作品的主题。

2.故事是如何展开的？

（1）再读第九章、第十五章写到祥子在和虎妞结婚之后，多次想要离开虎妞的相关文字。朗读材料中的语句，思考并讨论问题：

祥子可以离开虎妞吗？如果可以，请你设想一下，祥子离开她可能会发生怎样的故事？如果不能离开虎妞，又是为什么？

材料一：

他不愿再走，不愿再看，更不愿再陪着她；他真想一下子跳下去，头朝下，砸破了冰，沉下去，像个死鱼似的冻在冰里。

——第九章

把虎妞的话从头至尾想了一遍，他觉得像掉在个陷阱里，手脚而且全被夹子夹住，决没法儿跑。他不能一个个的去批评她的主意，所以就找不出她的缝子来，他只感到她撒的是绝户网，连个寸大的小鱼也逃不出去！

……

想到这儿，他把虎妞和虎妞的话都放在一边去；不，这不是她的厉害，而是洋车夫的命当如此，就如同一条狗必定挨打受气，连小孩子也会无缘无故的打它两棍子。这样的一条命，要它干吗呢？豁上就豁上吧！

——第十五章

教师点拨：一个健康、单纯、朴素、要强、有理想、有道德的祥子，就是这样一步步地走向堕落。虎妞与祥子的关系好似一张命运之网，虎妞正是网上的蜘蛛，诱惑着等待着祥子那只小虫的到来。

（2）快速阅读第二十章，想一想，材料二中的小福子此时此刻的内心活动是怎样的呢？然后与同桌讨论问题：虎妞难产去世之后，祥子是真心喜欢小福子的，小福子也主动要嫁给他了，可是，他为什么要离开大杂院，离开小福子呢？

材料二：

“这几件衣裳，你留着穿吧！把铺盖存在这一会儿，我先去找好车厂子，再来取。”不敢看小福子，他低着头一气说完这些。

她什么也没说，只答应了两声。

祥子找好车厂，回来取铺盖，看见她的眼已哭肿。他不会说什么，可是设尽方法想出这么两句：“等着吧！等我混好了，我来！我一定来！”

她点了点头，没说什么。

教师点拨：作者为什么会选择这样的故事——祥子想离开虎妞却和虎妞在一起，想和小福子在一起却狠心地离开。美国文学评论家托马斯·福斯特说：“故事一直在我们周围飞翔，我们只要伸手摘下一片就是。”所谓“性格决定命运”，祥子的命运决定了他的故事只能这样发展下去，否则他就不是骆驼祥子了。从某种角度来说，祥子的命运甚至是作者也无法改变的。

设计意图：引导学生深入读懂祥子，理解小说塑造的人物形象往往会随着故事的发展而变化。

（3）细节描写的用意在哪里？

小说中有很多经典的环境描写，值得我们反复品读。我们现在来重读第十八章、第二十四章的相关文字，在自己特别有感受的地方圈点批注。与材料三节选的语段进行对比，联系自己读过的整本书的主要内容，看看有没有新的发现。

材料三：

这样立着，他觉得，他就很像一棵树，上下没有一个地方不挺脱的。

——第一章

雨住一会儿，又下一阵儿，比以前小了许多。祥子一气跑回了家。抱着火，烤了一阵，他哆嗦得像风雨中的树叶。

——第十八章

打着那么个小东西，他低着头，弯着背，口中叼着个由路上拾来的烟卷头儿，有气无力的慢慢的蹭。大家立定，他也许还走；大家已走，他也许多站一会儿……

——第二十四章

教师点拨：“体面的、要强的、好梦想的、健壮的、伟大的”祥子变成了“末路鬼”，就像材料三所罗列的那样，祥子从一棵坚壮的“树”，到“风雨中的树叶”，再到一具行尸走肉。要知道这个发展变化过程体现在小说的多个细节中，或者说，这些细节其实都大有深意，而且前后关联，与故事一起，构筑了意味深长的整本书，成就了永恒的经典。

设计意图：通过比较联系，着眼于学生读过整本书之后，领略作品细节描写的魅力，提升自己的理解。

（三）阅读小结

我们常常说，一个人的人生经历只有一次，但爱读书的人会感受无数个人生。文学名著的阅读应该是一种发现，每次重读都有新的发现。

再去读读作品，你还有新的发现吗？

祥子来到当代能实现财富突围吗？

——祥子财商聊书课

授课/王君

导　入

师：因为大家在读书汇报的时候对于祥子命运的深度追问，所以我想跟大家聊聊祥子的“财商”问题。我们先看一些图片，都是近期的热点新闻事件，都和财商有关，你了解多少呢？

【投影相关图片】

（和学生简单聊聊。略。）

师：财商就是金融智商，说得再通俗一点，就是一个人如何看钱，如何挣钱，如何管钱，如何花钱，如何让钱生钱……这是非常重要的素养和能力。今天咱们聊，主要用朗读的方式。老舍的京味语言非常有感染力，不读，就浪费了。根据对班上同学前期的了解，我们聊三个层次。

【投影】

初聊：祥子的财商很低！

再聊：祥子的财商真的很低吗？

深聊：祥子的财商到底出了什么问题？

第一部分

师：我们先来看看堕落之后的祥子的金钱观。

（展示重点语段、语句，指导学生用沉痛的语气朗读并小结。）

师：同学们看，祥子现在的这种状态，几乎可以算财商为零了。他对钱是什么态度呢？

生：不存钱，做一天和尚撞一天钟，对生活一点激情都没有。

生：不是光明正大地挣钱，他能骗就骗能混就混。

生：他甚至以出卖良心、出卖朋友挣钱。

师：堕落之后的祥子已经完全对自己失控了，他变成了行尸走肉。身体垮了，精神垮了，一切全垮了。对金钱的态度，其实最可以折射出一个人的生命状态。

【投影】

堕落之后的祥子

没有道德底线地挣钱

没有价值底线地花钱

第二部分

师：我们今天主要聊第二个层次：祥子的财商真的很低吗？同学们，整本书阅读的小专题研讨用的最重要的方法就是“同类信息整合”。我们把和祥子财商相关的信息进行整合分类分析，就能发现一些秘密。我们先读祥子的“初心”，他的人生计划。

【投影】

……他只要有一百块钱，就能弄一辆车。

猛然一想，一天要是能剩一角的话，一百元就是一千天，一千天！

把一千天堆到一块，他几乎算不过来这该有多么远。

但是，他下了决心，一千天，一万天也好，他得买车！

……

他不吃烟，不喝酒，不赌钱，

没有任何嗜好，没有家庭的累赘，

只要他自己肯咬牙，事儿就没有个不成。

他对自己起下了誓，一年半的工夫，

他——祥子——非打成自己的车不可！

（指导学生朗读，精练点拨。）

师：请你来谈谈你对祥子财商的认识。

生：我觉得祥子挺可敬的，他希望通过诚实的劳动来养活自己，获得尊严。

生：祥子也还有远期计划，他想把自己的拉车当事业来做，想做大。

生：祥子虽然节约，但并不吝啬，他非常善良，愿意帮助比自己更穷的人，很有同情心。

生：最让我感动的是，当虎妞说他吃软饭之后，祥子的反抗特别强烈。

……

师：如果进入老舍的文字深处，我们能够看到祥子的金钱观是非常正的！滴自己的血，流自己的汗，自己的事情自己干，靠天靠地靠老子，不算是好汉！祥子骨头硬着呢！

【投影】

硬：追求经济独立

正：信仰艰苦奋斗

韧：坚信滴水穿石

善：坚持善良仁义

远：心中常念未来

师：为什么祥子最后还是失败了呢？当时的社会环境确实是一个关键的因素，黑暗的旧社会没有能力保护优秀的劳动者。但除了客观原因，他自己有没有问题呢？把他和他周围的各种人进行比较是一个有效的方法。

【投影】

“怎么办呢？”老头子指着那些钱说。

“听你的！”

“再买辆车？”老头子又露出虎牙，似乎是说：“自己买上车，还白住我的地方？！”

“不够！买就得买新的！”祥子没看刘四爷的牙，只顾得看自己的心。“借给你？一分利，别人借是二分五！”祥子摇了摇头。

“跟车铺打印子，还不如给我一分利呢！”“我也不打印子，”祥子出着神说：“我慢慢的省，够了数，现钱买现货！”

老头子看着祥子，好像是看着个什么奇怪的字似的，可恶，而没法儿生气。

师：大家注意刘四爷的感觉，一方面他觉得祥子很奇怪，另一方面又觉得没办法生气。老舍这句话真是写得意味深长。你猜猜老头子在心里是怎么评价祥子的？老头子可能想——

生：真是个傻子，除了省钱，啥都不会。

生：早点儿买上车，难道不好吗？像你这样省钱，得省到猴年马月啊。

生：这孩子倒挺实在，但真的不聪明。

生：你再不及时买，车会涨价的！我借给你，你就先买吧！

师：这里其实展现的就是刘四爷和祥子不同的投资观念。富人思维和穷人思维是完全不一样的。我们再看前边的一个细节。

【投影】

祥子没去端碗，先把钱掏了出来："四爷，先给我拿着，三十块。"把点零钱又放在衣袋里。

刘四爷用眉毛梢儿问了句，"哪儿来的？" 祥子一边吃，一边把被兵拉去的事说了一遍。"哼，你这个傻小子！"刘四爷听完，摇了摇头。"拉进城来，卖给汤锅，也值十几多块一头；要是冬天驼毛齐全的时候，三匹得卖六十块！" 祥子早就有点后悔，一听这个，更难过了。

（指导朗读。指导学生体会刘四爷的"不屑"，祥子的"后悔"。）

师：刘四爷觉得为钱冒险天经地义，但祥子显然是求稳。其他和祥子身份差不多的人呢？

【投影高妈、方太太指导祥子投资、存钱，但祥子都拒绝的文字，以及他的想法。】

（指导朗读，组织讨论。）

生：祥子对银行啊，起会啊这样的新生事物根本不接受。

【投影当年相关银行的情况。】

（老师讲解电视剧《那年花开月正圆》相关故事和简析祥子的误区。）

师：要想有钱，仅仅靠勤奋劳动还是不够的，必须得让钱生钱，这在现代叫投资理财。旧时代也是有这样的聪明人的，如开车行的刘四爷。冯小刚有一部电影，老师印象很深刻，叫《1942》。

【投影画报和台词。】

（老师简单讲解主角范殿元逃荒后曾说“给我十年，我还是地主”的故事。）

师：曾经有人说过，即使社会上所有的富人全部消失了，穷人也不一定能富裕起来，因为穷人的思维方式与眼界局限性决定了其成就。

【投影网络有趣资料：穷人永远是穷人，富人永远是富人。】

【投影投资理财三类型：保守型、冒险型、稳健型的表现。】

师：祥子甚至连保守型都算不上。他的财富思维属于典型的农民思维，有可敬可爱的地方，但在很多方面是完全落后于时代的。他就是来到当代，也不大可能实现财富突围。

尾声

师：本来课上到这里可以结束了，但是老师还想多跟大家聊几句，因为财商太重要了。我给大家推荐几则材料。

【投影三个热点材料：一是勤俭节约的小男孩儿因为通货膨胀，到底没有买上心心念念的望远镜；二是相同的本金经过不同投资，六十年后巨大的差距；三是犹太人的财商教育。】

（老师简单点拨。）

师：老舍先生写小说的时候，只是在诚实地反映生活，但他也给我们分析人物、思考人生提供了独特角度。好了，今天我们就聊到这儿。这种名著阅读的专题式研究法，我们还将继续。

二

王　君：我觉得陈老师的课和我的课都非常有意思。我们经由同一个起点出发，抵达了不同终点。但这个终点，本身又是一个起点。这就是语文教学的魅力所在。研究我们的不同路径，是可以窥探到整本书阅读教学的一些门道的。接下来，请大家从阅读教学的学理上仔细鉴别一下这两节课到底有哪些不同。

陆　艳：陈老师的课从阅读取向上来说更偏向于常态阅读，把小说当成小说来读，以“故事”为重点，课堂十分大气。王君老师的课偏向“异态”式，基于合理的目的和任务，以研究祥子的“财商”为切入点，课堂颇为灵动。

吴凤云：按照王荣生教授关于阅读教学三条基本路径的分法，王君老师走了第一条，她选点聚焦，通过同类信息整合法和拓展资源来唤起学生的生活体验。陈老师走了第二条，他通过知识竞赛、画人物关系图、精读某章、圈点批注等方式指导学生阅读整本书的方法。

章国华：关于阅读教学，王君老师对我说过三个词，即切入、选点、提问。这是阅读教学审课的法宝。陈忠文老师对我的课堂教学影响深远，特别是基于具体学情来设计教学：从不喜欢读到喜欢读，从读不懂到读得懂，从读得浅到读得深。

陈海亮：王君老师以专业的眼光对文本价值进行有效甄别，以学生的阅读疑问为“挖掘点”，智慧聚焦，波澜起伏，令人震撼；陈忠文老师的课堂立足学情需求，选定教学内容，关注学习起点，重视阅读方法的指导，令人耳目一新。

罗云斌：两堂课风格迥异。王君老师擅长“聚焦教学”，聚焦“财商”，教学环节脉络分明，层层推进，且在激情诵读中感受祥子落后的理财观。陈忠文老师则擅长“散点教学”，教学环节完整而独立，且在深入思考中探索祥子的人格悲剧。

梁海燕：陈忠文老师教学《骆驼祥子》是从文本出发，教会学生几种阅读小说的方法，帮助学生更深入地细读名著。而王君老师教学《骆驼祥子》却另辟蹊径，从祥子的“财商”入手，层层推进，抽丝剥茧，在有感情地朗读文本的过程中，打通了教法和活法。

王　君：如果我们做微格研究，会发现每一个不同点都有研究的价值。但今天，我们只聚焦在一个小问题上。陈老师开发教学内容的方式，更倾向于“散点式”，着力于全景俯瞰的整体把握；而我开发教学内容的方式，更倾向于“焦点式”，着力于小专题研究。这是两种不同的思路，其实是整本书阅读教学的两种“常式”。但就我的观察，在一线课堂上，很少有老师同时具有灵活应用这两种常式的意识。恰恰相反，我们习惯性地固执且僵硬。喜欢“散点式”的爱好整体统筹，偏爱“焦点式”的沉醉局部挖掘。今天我们的目标就是：用好“二式”，以此丰富我们研究名著的角度。接下来请大家深入思考，聊一聊以下几个方面的问题：“散点式”和“焦点式”各自的优点，各自容易进入的误区，在应用“散点式”和“焦点式”时特别要注意的问题。

陈海亮：“散点式”既关注“点”，也关注“面”；既关注阅读的细部，也关注阅读的整体；它既重视阅读“点”的挖掘，也重视各个阅读“点”之间的勾连。特别是立足学情选定的“散点”，能使教学内容与学生经验高度统一。

梁海燕：“散点式”教学兼顾到了小说教学的三要素——人物、情节、环境，以人物为中心，紧贴文本文字展开。它不仅在教学形式上具有“语文”的特征，而且在活动的本质上也具有“语文”的特征，引领学生穿行在语言文字中，确保课堂活动的“语文味”。

陆　艳：通过聚焦一点带动全篇，在阅读的推进中能够揭示人物的典型特点，表现出情节的出彩节点，突出环境的重要特点，品析出作者语言的独特美点。通过这个点勾连全书中相关的若干点，由点到线，由局部到整体，从而全面把握整本书的要点。

吴凤云：众所周知，整本书信息量大，而一节课课堂容量又很有限，所以“散点式”阅读教学很容易造成面面俱到，但每一面都如浮光掠影、难以深入的局面。而这种局面一旦形成，对于知识储备和人生阅历都很有限的中学生来讲，课堂效率就难以提高。

章国华：个人觉得，“焦点式”的缺点是聚焦后失去了教学的广度，失去了教学的灵动。高质量的聚焦来自对整本书“可聚点”的层层分离和精妙重组，做到焦点中有散点，散点中有焦点，焦散和谐平衡。王君老师的实录做了很好的示范。

罗云斌：任何“秘籍”都有优缺点，因为关注才能完善。“聚焦教学”要有“教学目标的聚焦”，切忌目标不明晰，而且要“聚焦语用”，精读深读。“散点教学”虽散但忌随意而没有重心，泛泛而谈，要选择有价值的点让学生思考。

王　君：“散点式”和“焦点式”，各有其妙。什么时候用，怎么搭配用，具体怎么操作，都值得深入研究。我们今天的思考，仅仅是小扣柴扉而已。现在，头脑风暴的时候到了。我们先向陈老师学习，练一练“散点式”。如果还是《骆驼祥子》这本名著，你还可以如何做，也能够达到陈老师的目标——梳理小说内容和掌握阅读小说的基本知识与方法呢?

三

陈海亮：我会用图形来梳理小说内容，以思维导图的形式，让学生画祥子的人生经历、命运波折图并解说。通过小说环境描写的节奏、祥子与虎妞人物性格的辩证分析、祥子人生结局的想象让学生掌握小说阅读的基本方法。

罗云斌：首先设计“找啊找朋友”的活动，明确祥子的人际关系；其次聚焦祥子前后期关键心理活动语句，感受祥子的颓废堕落；最后比较阅读，比较祥子与保尔·柯察金的异同，聚焦遭受的磨难以及表现，悟出“性格有时可决定命运”。

陆　艳：首先利用思维导图把祥子与车的关系进行整理，祥子“挣车—买车—丢车”是个循环图；再画出第二张鱼骨图，祥子人生的三起三落；接着是一张对比图，“好人”与“坏嘎嘎”之间的因果关系；最后是一张关系图，祥子朋友圈的故事。

吴凤云：首先，通过纵向对比，梳理情节，了解人物发展轨迹：以书中某一物体做参照物，圈点勾画，说说祥子的前后变化。其次，通过横向比读，先同中比异，再异中求同，了解人物不同性格和相同宿命。最后，跨文本比读，深入思考小说主题。

章国华：《骆驼祥子》重新出版，选择或自创一幅图做该书封面并说明理由。三幅图：骆驼图、主人公三人图、烈日暴雨拉车图。聚焦相关情节细节，探讨图中小说要素的丰富意义，结合人物和小说主题的理解，在封面上写一句推荐语。

梁海燕：首先围绕祥子的“三起三落”，说说祥子的性格特征。再朗读祥子维护尊严的片段和丧失了尊严后的片段，通过前后对比，思考祥子为什么会失掉了尊严，引导学生思考祥子的悲剧原因：既有自身性格上的原因，也有旧社会的原因。

王　君：大家再来练练我的“焦点式”，如果也还是《骆驼祥子》这本名著，你可以如何做，也能够达到我的课堂追求——经由小专题研究帮助学生打通读法与活法？

陈海亮：我以“祥子的突围”为主题开展“焦点式”教学。先让学生说说祥子与车及与小福子爱情的悲剧，然后结合具体细节探究祥子悲剧形成的原因，再结合具体的悲剧事件，引导学生讨论面对困境的祥子该如何突围，达到教法与活法的统一。

吴凤云：我选择给祥子写小传，做专题探究。首先，追随老舍学小传，阅读《老舍自传》，讨论传记内容和写法；接着，教师示范各步骤，教学生在传记中明确人物基本信息、主要经历，做好人物评价，写好阅读感悟；最后，牛刀小试展风采。

章国华：聚焦专题“成长与逆成长”。首先，结合生活现象谈成长与逆成长，联系《骆驼祥子》谈祥子的逆成长。其次，结合情节细节细读祥子逆成长的体现、内涵、原因。最后，结合其他逆成长的作品及学生生活，思考如何成长和成人。

梁海燕：我设计的专题是“面对欺凌，你该怎么办？”。首先出示校园及社会上的欺凌事件的图片或视频，再引入名著中：祥子受到了哪些欺凌？面对欺凌，祥子是怎么做的？如果你是祥子，你会怎么做？

罗云斌：专题“旧时代女性的命运”。首先，剧本表演“小福子”，感受她的性格和悲剧命运。其次，聚焦父亲二强子、男朋友祥子语段，悟出古代“男权”对女性命运的伤害。最后，对比阅读《简·爱》，呼吁女性只有掌握自己命运才能活出自我。

陆　艳：我选择“刘四爷的字号”做专题研究。首先，聚焦“字号”，找到刘四爷的生平，看看给他一个怎样的字号。然后，根据立体写人的方式，再次聚焦人物的“字号”，体会京味语言。最后，用这样的方式给自己想一个“字号”，写一篇“我的字号”。

陈忠文：教无定法，不论是所谓的“散点式”还是“焦点式”的阅读，包括几位老师的设想，都构建了不同的鲜活的课堂样式。这也是教学中的应有之态。特别是王君老师的课堂，这样的教学视角给了我们全新的体验与启示。教学又贵在得法，我们要不断去尝试、探索最适合学生的阅读方式，让学生在真实阅读中获得属于自己的体验与思考。

王　君：谢谢陈老师！谢谢大家角度丰富的创意让整本书阅读教学如此令人向往。下一期，我们带领大家深入到文本特质和课型创新的具体操作的探索中，敬请期待。

第五期

聚焦研究的必要性和迫切性

本期研讨者：青春语文名师工作室成员

王　君　陈海亮　吴凤云　张建才

熊　幸　王俊芳　史丽芬

一

王　君：欢迎大家！在这次研讨之前，请大家先读读我在语文湿地创意教学研讨发布会第八场的发言。这一场，我们开启了名著导读的创意设计推介。我的“开场词”表达的就是青春语文的名著阅读观。

做好经典名著的“经纪人”

文/王君

这两年大家都开始研究名著导读课。我的真实体验是两个字：艰难。你想想，现在我们连单篇课文和群文的创新设计都不容易，忽然扔给你一本书，这怎么弄？

但这个瓶颈必须突破。老师提升实力，不外乎两件事情：第一，持续阅读，深度阅读；第二，持续写作，深度写作。否则，教一辈子书，站一辈子讲台，也就那样了。有没有诸多荣誉暂且不说，就是个体的自我体验，也不会好到哪里去。

只有当我们感受到了自己创造力的真正提升，且惠及他人的时候，所谓“自我价值感”才能实现，生命的高峰体验才会到来。

而研究名著阅读教学，绝对是高层次的智力挑战，难，但也好玩儿，值得尝试。

老师在名著教学中应该是个什么样的角色呢？每个人的体验肯定不一样。我的感受是咱就做个“明星经纪人”吧。

您看，经典名著哪一个不是大牌“明星”？

但观众——我们的学生口味很刁钻啊。“明星”牌子再大，不对他们的口味，学生也不会搭理的。所以，咱这个“经纪人”，其实很难当。要让学生接受经典，爱上经典，得琢磨，得想法子。

直接改造学生是不太现实的。想对人进行揠苗助长的，都是妄想型精神障碍。

那怎么办呢？我的办法就是学习明星经纪人。

优秀的明星经纪人是很专业的。他们有两个特点：

第一，他们非常了解艺人的人品和才艺，能根据艺人各自的特点，开发他们的潜质，为艺人选择更能为观众所接受的角色，通过这些角色把他们推出去，使他们成为“角儿”。

第二，他们会管理，能够依托广泛的社会关系，凭借敏锐的市场意识和善于经营的头脑，包装艺人，推出艺人。

我们之于名著，也应该如此。

比如，这些年有一个新兴职业——说书人，其实干的也是名著“经纪人”这个工作。不管是在“得到”，还是在“十点读书”，我都买了一些名著阅读课来听。有些说书人，比如樊登、余秋雨，就讲得很精彩，诱惑着我反反复复听，听完了，还要再买实体书来啃。但有些听起来就费劲儿，坚持不下去。一方面是我自己的理解力问题，另一方面就是说书人自己的问题了。

优秀的名著“经纪人”说书，一定有以下几个特点：

第一，把复杂的讲简单，而不是把简单的讲复杂。

第二，把冗长的讲精练，而不是把精练的讲冗长。

第三，把严肃的讲好玩儿，而不是把好玩儿的讲严肃。

第四，把深奥的讲浅易，而不是把浅易的讲深奥。

再进一步，一个好的说书人，在进行名著推介的时候，也要见自我，见天地，见众生：

见自我：讲真正感动了自己的书。

见天地：讲法一定要打通读法和活法。

见众生：超越应试而去为学生建设精神高地。

再进一步，就我这两年的观察，名著教学一定要破以下两个局：

第一个局："整本书"的"书"字局。也就是为了读书而读书，为了解读而解读，停滞在文本解读式的教学层面上，没有站立起来：或者用文本训练学生语文能力，或者用文本解决学生心灵问题。

第二个局："整本书"的"整"字局。也就是只习惯于面面俱到地从"整本书"入手，永远在"面"上活动，不习惯于聚焦，不习惯于专题式研究的局。

二

王　君：我最后提到的两个"局"，第一个局，其实是关于打通读法和活法的问题，第一期我们就已经研讨了，所以这次咱就不再说。第二个局，就是关于聚焦的问题。上期我们研讨的是整本书阅读教学的"散点式""焦点式"两种研究方法。虽然两种方法各有其妙，但研究了大量的课例之后，我还是发现，在实际操作中，"聚焦"的课例更有冲击力。这个道理很简单，拳头握紧，才有力量。物理层面也好，文学层面也好，生命层面也好，到了某个阶段，都必须得面对"聚焦"的问题。现在的中语界，名著导读做得最好的，我觉得是上海的余党绪老师。他的优秀就来自他的"母题·议题·问题"思想。他已经把聚焦研究做到了很高的境界，非常值得我们学习。

王　君：我说“聚焦”，包含两个方面的意思：一是教学立意的聚焦，二是教学手段的聚焦。立意聚焦，研究主题就集中；教学手段聚焦，研究形式就不会过于花哨。任何一个方面不够聚焦，都会让一堂课出现“形散”或者“神散”的遗憾。比如以陈海亮老师的《西游记》课例为例，这是一个非常有想法的设计，但如果仔细研究，大家也可以发现，这个课，还可以更优秀。

《西游记》教学设计

设计/陈海亮

【教学目标】

1.通过微书制作，梳理《西游记》前半部分内容。

2.通过跳读、品读来体会《西游记》的结构特色与语言妙处。

3.通过悟读与交流来感悟《西游记》所隐含的人生哲理。

【教学环节】

环节一：比读与跳读

1.微书制作，梳理情节：请根据石猴出世等主题描写故事情节，使之成为微书。

2.比读与跳读：比读与原著相对应的文字，体会语言精练的特点。

3.总结与感受：读完这几个故事，谈谈这是个怎样的悟空。

【设计说明】本环节从微书制作引入，拉近了师生间的距离，直入文本。选取的主题是《西游记》前半部分的浓缩，前后连贯，让学生根据主题配文字，既梳理了故事情节，也锻炼了学生锤炼语言的能力，以此来控制节奏，引导学生进入《西游记》的学习情境。

环节二：品读与发现

1. 说“变”：品读《小圣施威降大圣》，说说悟空与二郎神各自展示了哪些变化。

2. 品“变”：品读悟空的七次变化，说说你的发现。

3. 思“变”：品读悟空的第六次、第七次变化。

思考1：假如你是悟空，当尾巴不好收拾时，你会如何处理？你觉得吴承恩为什么特意让悟空的尾巴不好收拾？

思考2：悟空为什么要变作二郎神，其目的是什么？请对比悟空在西游前与西游后的性格变化，说说你的感悟。

链接：天地万物，就是要让你不完美，孙悟空的第一个不完美，就是没办法随心所欲，将尾巴变成刹杆，竖立在“孙猴庙”的门前，而是在庙后，只有等到孙悟空认识到位了，才能将刹杆倒过来。——林电锋《孙悟空为什么变不好猴尾巴？》

【设计说明】本环节以《小圣施威降大圣》为跳板，以“变”为抓手，以品读与发现为方法贯穿，“说—品—思”三层次递进，引导学生品读语言，整合信息，在阅读中思索，在阅读中发现，为整本书阅读奠基。

环节三：悟读与探索

1. 悟西游：唐僧师徒的西游，除了获得“真经”外还收获了什么？请谈谈你的感悟。

2. 悟“悟空”：悟空本身隐含了太多的秘密，你能否展示悟读“悟空”后的一点发现？（温馨提示：可以关注目录中反复出现的字，也可以关注与悟空相关联的神通，小组内先探讨交流。）

3. 悟“我”：“悟空”的秘密，对你的人生有哪些启示？

【屏显】

《西游记》是在写“变心”的过程，人要修炼一颗慧心！每个人都是自己的孙悟空。

【设计说明】阅读即发现。本环节从取经前延伸到了取经后，以“悟”字为抓手，既以悟读为方法，又以悟“心”为内容，带动学生对整本书阅读的深入理解与个性化解读。

张建才： 名著导读的任务，我想首先应该让学生喜欢这部著作，再者让学生知道怎样读这部著作，最后还要让学生读出名著的精髓，用来启迪人生。陈老师的教学设计，引导学生“读—品—悟”，注重活动的开展与方法的指导，有助于学生的精神成长。

熊　幸： 陈老师的课很新颖，微书设计让人眼前一亮，能激起学生深入探讨的欲望。可舍弃后两个任务，聚焦于梳理内容，让学生从后半部分精选悟空的几件事，或从前半部分选其他人或团队的几处经历，绘图配文字，制作自己的微书。

王俊芳： 作为《西游记》这位“明星”的“经纪人”，海亮老师设计了“制微书”“读品悟”“层层悟”等多个节目，全面展示“明星”的才艺和个性，真精彩！如果做成系列“节目”，让读者在不断的新发现中，越发爱上这位“明星”，是否更丰富？

史丽芬： 陈老师的课堂活动多样，能充分激发学生的学习兴趣。既通过“读”，读出悟空“变”的深层含义；又通过“悟”，悟出人物意义的广度。但环节较多，没有一条贯穿始终的主线，可以聚焦一个主问题，集中探究。

吴凤云： 海亮这堂课属于“散点式”的设计，一节课涵盖了《西游记》的情节、结构、语言、主题等教学要素。我觉得，在一节课的时间完成这些教学目标，即使学情优异，每个要素也只能蜻蜓点水，不能深入挖掘。所以，这堂课可以分解成专门赏析语言的语用型文本课和专门研究哲理的主题型文本课。主题型文本课，我建议以《小圣施威降大圣》为跳板，聚焦孙悟空的变化，跳读整本书，以“仙术之变”“名称之变”“超我之变”来引导学生思考成长的因素和意义。

三

王　君： 我们再来看凤云老师和熊幸老师的《西游记》课例，我觉得，她们在聚焦上的尝试就很有意思。大家可以学习学习，也可以提提建议。

目录管窥看西游，心性修持悟大道

——《西游记》起始课教学实录（摘要）

授课/吴凤云

（一）导入

你曾经通过哪种渠道了解过这本书？请同学们用这样的句式说说：我是从______中了解这本书的，现在我要把它______（填动词）出来。

老师先说一句：我是从动画片中了解这本书的，现在我要把它唱出来：白龙马，蹄朝西……（老师唱，学生和。）

（二）初读目录，筛选信息，了解全书概貌

师：今天老师要向大家介绍一种阅读整本书的方法——目录管窥阅读法。何谓目录管窥阅读法呢？就是通过阅读目录，了解原著概貌。（借鉴蒋雁鸣老师的《整本书阅读教学工作坊》）

1.通过阅读目录，你觉得这本书可以分为几部分？请同学们标注好起始回目。

2.通过阅读目录，你发现《西游记》的故事发生在什么时代？想一想，为什么会是那个时代？

（三）细读目录，梳理整合，了解人物形象

1.通过阅读目录，请找出师徒四人不同的称谓。

2.通过阅读目录，请分别写出师徒四人取经路上发生了哪些重要事件。

3.通过阅读目录，你从哪些词语中可以读出师徒的性格特点？（例如，我从第四回目录“官封弼马心何足”的“心何足”中读出了孙悟空不满足现状、不断努力的性格特点。）

生：我从“三藏不忘本”中，读出唐僧严守戒律、立场坚定。

……

（四）研读目录，品味内涵，汲取精神营养

1.通过阅读目录，请绘制一张简单的取经路线图。（略）

2.思考一下，得具有怎样的品质才能走完这漫长而艰险的取经之路？

试着用这样的句式说说：取经之路也是_______之路，这条路上需要______。

生： 取经之路也是生命之路，这条路上需要我们用顽强的意志力克服重重困难。

……

师： 同学们说得非常好。读《西游记》我们不光要关注个性鲜明的人物和曲折有趣的情节，更要读出这些精神，用这些精神濡染我们的品格，指导我们的人生。

3.阅读第一百回目录“径回东土，五圣成真”。

思考一个问题：唐三藏从一个普通僧人成为圣成为佛，孙悟空从一个顽猴成为圣成为佛，猪八戒和沙和尚从妖成为圣成为佛。作者在借他们的故事告诉我们，怎样做才能修成大道，成圣成佛呢？

生： 我觉得要有坚定不移的信念，把磨难当成成长的基石，要有乐观和执着的精神。

……

师： 大家说得多好啊，就如刚才有位同学说取经之路也是悟道之路一样，大家在读书，也在悟道。

师： 目录管窥看西游，心性修持悟大道。今天，我们学习了一种新的阅读整本书的方法——目录管窥阅读法，了解了全书的概貌，提高了阅读兴趣，同时，我们也悟到了一些成长的启迪和人生的真谛。让我们带着对西游故事的憧憬走进这本名著，带着西游精神给我们的激励走进学习和生活吧。

我的成长谁做主

——《西游记》整本书阅读探讨课堂实录（摘要）

授课/熊幸

（一）导入课堂

回顾上节课内容，引出本节课的探讨主题“我的成长谁做主”。

（回顾孙悟空成长的关键节点：拜师学艺、被压五行山、西天取经、修成正果。引出话题：孙悟空的成长由哪些主要因素决定？）

（二）组内交流

（师生交流活动：老师带领学生逐一点评三个小组选定的思维导图模板及修改后的模板。）

（三）组外交流

学生运用世界咖啡交互式汇谈法进行组外交流，继续探讨“影响孙悟空成长的主要因素”，完善本组思维导图。

（学生交流：组长留下，组员带着笔和本子到别的组去交流，听别组的组长讲该组的构思，补充与自己组的不同之处，每个人都做好记录。两轮讨论结束后，回本组交流新收获，完善本组思维导图。）

（四）小组展示本组讨论后的思维导图

（请四个小组上台展示本组完善后的思维导图，每位成员讲一个分支。这部分是课堂的主体。）

（五）形成成果

师生一起归纳“影响孙悟空成长的主要因素”，探讨这些因素对个人成长的意义。

师：我们归纳了四个重要因素，即引导者、自身、磨难、约束，其中哪个是自始至终都起主导作用的？

生：（齐）自身。

师：从齐天大圣到斗战胜佛，是孙悟空追求自尊与自由的过程。成佛后紧箍自动消掉，因为他已经有了自我约束的能力，获得了真正的自由。正如孔子说的，“从心所欲，不逾矩”。

师：（PPT出现《哪吒之魔童降世》哪吒的图片）他的名言——

生：（齐）我命由我不由天。

师：可见自我对于一个人的成长多重要。它将经历的磨难变成自己成长的助力。正如尼采说的，“凡杀不死我的，必使我更强大”。

（六）观照自我

（从孙悟空的成长联系自身的成长，思考：我的成长谁做主？）

师：现在结合自身来说一下：我的成长谁做主？

生：我的成长我做主。

师：做主不是想怎么样就怎么样，大闹天宫时，孙悟空想怎么样就怎么样，这时候天上所有的神仙都是他的——

生：（齐）对手。

师：到西天取经的时候，所有的神仙都成为他的——

生：（齐）队友。

师：你觉得被父母老师管着，无法做主。因为你的方向错了，如果你去西天取经，这些就是你的助力。

师：（PPT显示一幅雕塑的图片）这是广州雕塑公园的雕塑《自我完善》，她拿着凿子和锤子在雕琢自己，下半身仍是一块石头，你看到这雕塑有什么感受？

生：痛。

师： 确实痛。如果你天天看电视玩游戏，不痛，但你始终都是一块——

生：（齐）石头。

师： 孙悟空从哪里出来的？

生：（齐）石头里。

师： 他也是这样雕琢自己才成为佛的。希望我们所有的同学都能将老师和家长对你们的期望变成你们的助力，修成你们的正果。

王　君： 大家认为如何？请自由发言。

陈海亮： 整本书阅读教学头绪繁多，要想拎出一条牵一发而动全身的线索，需要教师有极高的教学智慧。吴凤云老师以管窥《西游记》“目录”为“突破点”，以点连线，以点带面，有“删繁就简三秋树，领异标新二月花”之妙。

张建才： 吴老师将名著“读法”指导聚焦于“目录”，引申到名著人物形象的探究，人物精神的探讨，最终指向我们的“活法”。熊老师以“我的成长谁做主”为探讨的主题，引导学生画思维导图作为阅读支架，将成长最重要的因素聚焦到“自身”。两位老师的教学设计体现了王君老师倡导的“聚焦”理念，将名著作为“资源”，尊重名著精神价值，引导学生思考人生，反思自我。

王俊芳： 名著都是“大块头”，如何快速与其亲近起来？凤云老师的“目录管窥阅读法”带给我们极大的启发。整堂课7次“阅读目录”，提纲挈领，化繁为简，让内容和精神、读法和活法都春风化雨般融为一体，用聚焦造就了课堂“高光”。

史丽芬： 熊幸老师的课聚焦孙悟空的成长，带领学生运用思维导图层层深入，分析悟空成长的多种因素，让学生逐步走进文本。同时又联系自身成长，明确“我命由我不由天”，指导自己未来的成长之路。课堂打通了名著与生活，极富有智慧性。

熊　幸：对于初一学生而言，读《西游记》最大的意义是通过孙悟空的成长观照自身，学会自我成长。于是我让他们聚焦于影响孙悟空成长的主要因素，通过自己画思维导图、小组讨论、全班讨论来明确主题，最后明白“我的成长我做主”。

吴凤云：我和熊幸老师的课都属于整本书阅读的“焦点式”设计，我聚焦目录，她聚焦成长。不同的是，我的课是学生阅读前的起始课，目的是了解全书概貌，激发阅读兴趣；她的课属于学生读后的交流课，目的是思维碰撞，思考成长的内涵和意义。我的课属于教学手段的聚焦，熊老师的课属于教学立意的聚焦。因为聚焦，我们的课都实现了“一课一得”。所以，如果说一部名著就是一片森林，那么整本书阅读教学只有敢于为课堂瘦身，才能让森林释放出充足的氧气，为学生提供成长的生命能源。

四

王　君：记得在我的《社戏》的推介中，我曾围绕主题“经典文本教学的断舍离尝试”做过一次发言。我表达了这样的观点：面对经典文本，我们普遍会产生“经典教学恐慌”——不知道到底应该讲什么。因为经典文本简直步步莲花，处处精彩，可以讲的实在太多了！我们眼花缭乱了！所以，我们一定要“养经典教学断舍离之勇气”。聚焦聚焦再聚焦！一次课堂教学，我们讲明白一个小点，就善莫大焉。不用一头扎进经典的汪洋大海中，先把自己给呛死了。生命能量的“散”和课堂内容的“散”都会像温水煮青蛙一样，慢慢消耗我们的内力。综合我们以上的讨论，我们现在来个头脑风暴吧。还是《西游记》，你再拿一个教学设计出来，充分地体现“聚焦”的思想。

陈海亮：我聚焦于“叛逆”，以“悟空的叛逆与成长”为专题。首先，说“叛逆”。联系《西游记》中悟空的叛逆，结合生活现象谈叛逆与成长。其次，读“叛逆”。细读悟空叛逆的文字，比如第七回的闹天宫片段和第十五回“鹰愁涧意马收缰”的片段，分析悟空叛逆之因。最后，悟“叛逆”。以“悟”字的“吾心”组合为抓手，深入探寻“叛逆”之源，让学生领悟悟空的成长是“心”的修炼，引导学生走出青春期叛逆的困惑，达到“心”的成长。

张建才：听了王君老师的指导，我想设计一堂课，将教学内容聚焦到孙悟空的“紧箍咒”，以辩论赛的形式，引导学生结合整本书的内容，寻找依据，进行激烈的讨论。辩题设为：

正方：孙悟空的“紧箍咒”是他的成长利器。

反方：孙悟空的“紧箍咒”是他的惩罚利器。

通过辩论，引导学生进行“思辨型阅读”，感悟“紧箍咒”的象征意义，思悟自己的“紧箍咒”，明白“这种异己力量，会成为你自信与力量的源泉”，懂得“成长，就是不断地走向自由”。教学时将阅读、思考与写作相结合，利用名著资源，为学生成长摆渡。

王俊芳：《西游记》无疑讲了一个“好故事”，可以聚焦写作来上一堂课。试想，如果《西游记》只写玄奘赴印度驮回佛经、弘扬佛法的故事，能这么吸引人吗？当然不能。我们为什么都爱读《西游记》呢？首先是因为有趣！《西游记》在佛法故事上添加了花式“打怪”经历，真有意思！其次，八十一难“打怪”之后是师徒四人成圣成佛，“升级”成功，这就让故事不仅有意思，还有了意义。最后，故事要有个主角，正是悟空在“打怪”中展示了非凡的个性，故事才更令人津津乐道。

史丽芬：称呼是外界对一个人的评价，能概括个人的最大特点。我想让学生通过探究《西游记》中悟空的称呼变化来感受他成长的轨迹，从“石猴”到“齐天大圣”，是悟空渴望得到肯定的心理投射。从“孙行者”到“斗战胜佛”是悟空一路帮助师父降妖伏魔的实际行动赢得的称号。同理，唐僧、猪八戒和沙僧的称呼也有不同的变化，可以让学生梳理并分析称呼背后的含义，明确想要的称呼可以用行动来赢得，是顺其自然的结果。

熊　幸：我聚焦于团队合作，带领学生探寻取经团队成功的秘诀。学生虽然有学习小组，但团队意识薄弱。通过阅读《西游记》，寻找取经团队成功的关键因素，可以引导学生学会合作，解决学生实际的问题。流程基本跟“我的成长谁做主”一样：学生画“取经团队成功的关键因素”思维导图→小组讨论，选取一组员的修改完善，形成本组思维导图→全班换组交流，向别组取经，完善本组思维导图→全班交流→师生归纳。老师归纳引导的立足点是团队的“互补技能”和“共同目标”。

吴凤云：大家的设计经过聚焦以后，果然骨架清秀，身姿窈窕。不管是俊芳老师以“跟《西游记》学习写好故事”的教学手段的聚焦，还是其他老师在叛逆、紧箍咒、孙悟空的称呼变化、团队合作等教学立意方面的聚焦，都实现了我们青春语文“打通教法和活法，由此帮助学生打通读法和活法”的核心理念。余党绪老师说，阅读不能没有焦点，没有聚焦的思维难以走向精确。所以，我们在带领学生阅读整本书的时候，一定要记得“贪多嚼不烂”这句俗语，尽力做到教学聚焦，一课一得。

王　君：凤云老师的总结写得非常漂亮，把我想说的都已经说了。我就不多唠叨了。我们今天讨论的，其实不仅仅是整本书阅读教学设计的问题，更是生命成长的问题。接下来的研讨，其价值也是一样的。打通教法和活法，是青春语文坚定的追求。我们下期再见！

第六期

整本书阅读聚焦定点研究的几个关键问题研讨

本期研讨者：青春语文名师工作室成员

王　君　夏海芹　吴凤云

俞春霞　欧阳艳　时慧慧

一

王　君： 老师们好，这一期的研讨话题依旧是整本书阅读的“聚焦”艺术。有了聚焦，才可能有好的选点。这段时间，我重听了康震教授在《百家讲坛》里讲述的唐宋八大家的故事。听到他讲苏轼读书，很有共鸣。据说一般人读《汉书》，能读一遍就不得了，但苏轼读了三遍，抄录了三遍，研究了三遍。而且，我惊讶地发现，苏轼的读书方法就是我们现在提倡的聚焦式的“定点”读书法。每读一遍，他都有特定的研究目标。每读一轮，就做个小目标的专题研究。所以，几轮读下来，他不仅了解了全书大意，还成了好几个方面的专家。我深受鼓舞。这些年的教学经验告诉我，读整本书，只浮在整体概貌上，或者被枝枝节节缠绕，都是事倍功半的方法。只有聚焦与选点精准，读书才能读得深、想得深。这是做学问的好方法，也是做人做事的好方法。所以，最近一次工作室的课程发布，我要求《骆驼祥子》团队在聚焦和选点上做足功夫。每一位老师的聚焦点，都要有鲜明个性，都要围绕聚焦点实现多层开掘，都要充分体现自己在“打通读法和活法”上的追求。现在就请大家晒一晒自己的成果吧。

跟老舍先生学景物描写

——《骆驼祥子》整本书教学之写作型实录（简缩）

授课/夏海芹

第一部分：宏观看景物描写——明地标、时标

一、梳理路线图，明地标

跳读课文，梳理第三、四、九、二十二、二十三章祥子活动的路线图。

牵骆驼逃出兵营的路线：磨石口—村子—海甸—西直门—关厢—高亮桥—新街口—西安门大街人和车厂。

与假怀孕的虎妞走的路线：曹宅门口—东便道—北长街—金鳌玉蝀桥。

找小福子的路线：曹宅—大杂院—西直门外—关厢—白房子—乱坟岗。

从路线图可以看出西城、西直门、高亮桥、长安街等有北京特色的地名反复出现，由此明白写景要写有特色的地标。

二、浏览路线图，明时标

浏览三条路线，分别说出景物描写的时间，即时标。

宏观写景：要写出有特色的地标，要知晓景物的时标。

第二部分：中观看景物描写——明情标

结合三条路线的景物描写，给祥子设计心情色卡，并说出理由。

示例：从军营逃出的祥子，心情色卡是红色或金色，因为金色、

红色代表祥子重获自由、轻松喜悦的心情。

通过设计心情色卡，知晓在时光轴上，除了地标和时标，还蕴藏着情标，景物是载体，情标是内核。

第三部分：细观看景物描写——明方法

一、横向比读，品用色之妙

从颜色运用的角度，横向比读路线一、《济南的冬天》雪后初霁、白房子三处景物描写片段。

第一片段18次写颜色，7次写红色，4次写金色，写出祥子的高兴之情。

第二片段10次写颜色，写出蓝白相映、黄白相间、白中透粉的景致，喜爱之情跃然纸上。

白房子片段，连用5个灰色，万物在祥子眼中都是灰色的，因为他的心是灰色的，心灰而意冷。

通过横向比读，明晰“以明媚景写欢畅情，以暗淡景写沮丧情”的方法。

二、横向比读，悟修饰之妙

从修饰语的角度，横向比读第二条、第三条路线的景物描写。

第二条路线用“冷寂”“暗淡”“微光”“荒寒”这些形容词冷而呆板，与祥子得知虎妞怀孕时惊、蒙、傻、无助无措的内心映照。第三条路线用“可爱”“晴美”“爽快”“响亮”这些词暖而轻快，与祥子重燃生活希望的内心映照。

用冷色调的词写惊惧无助，用暖色调的词写欢畅愉悦，又是一个方法。

三、纵向比读，明方法之丰

围绕第三条路线的三处景物描写，展开纵向比读，说说发现。

从听觉看，第一处的声音在祥子听来，就像天上落下的鹤唳一样好听。而第三处，喜鹊的叫声本是吉兆，可在失魂落魄的祥子听来却是扯着长声悲叫。

从动静看，第一处鸡鸣犬吠、小商贩的吆喝是流动的，而白房子处的景物是静止的。

从观察角度看，第一处是仰视，第二处是平视，第三处是俯视。

通过纵向比读，发现仰视多写欢喜，俯视常写悲伤，景动则心轻松，景静则心沉重。总结：

跟老舍先生学景物描写

地标时标要明确，情标为本心中藏。

颜色明暗映情绪，词语冷暖含喜伤。

视听俯仰有奥秘，流动静止不寻常。

严谨有序条理清，老舍写景功力强。

第四部分：动笔实践

一、仿写。

二、改写。如果祥子出关厢，遇到小福子，改写片段，将冷色调的词转为暖色调的词。

三、创写。以《放学路上》为题写500字的景物描写。

直面逆境，做个攀登者

——《骆驼祥子》悦读心分享

授课/欧阳艳

一、聊三商，巧导入

1.聊三商。

2.人的一生不可能一帆风顺，逆商对每一个人都很重要，祥子也不例外。今天我们聚焦逆商，来聊聊祥子的那些事。

二、话祥子，悦分享

（一）美国作家保罗·史托兹在《逆商》一书中以登山为喻，介绍面对逆境时出现的三种人：放弃者、扎营者、攀登者。

（二）浏览第二章到第五章并圈点批注：祥子遇到了哪些逆境？他是如何应对逆境的？

1.师生悦读分享交流。

2.教师用打油诗总结祥子应对逆境的智慧：

一生长，勇攀登；遇逆境，不慌张；

用智慧，巧解决；要乐观，是妙方。

借美食，来降压；正强化，重形象；

靠目标，常激励；会开导，要自强。

（三）五一劳动节，北平车行协会授予祥子“五一”劳动奖章，请你写一段颁奖词。

（四）聚焦下列语段，分析祥子卖车葬虎妞后是如何由攀登者堕落为放弃者的。

第一组

攒钱，买车，都给别人预备着来抢，何苦呢？何不得乐且乐呢？

什么也没有了，连小福子也入了土！他是要强的，小福子是要强的，他只剩下些没有作用的泪，她已作了吊死鬼！一领席，埋在乱死岗子，这就是努力一世的下场头！

他不再有希望……因为他没了心，他的心被人家摘了去。他只剩下那个高大的肉架子，等着溃烂，预备着到乱死岗子去。

第二组

原先，他一思索，便想到一辈子的事；现在，他只顾眼前。

祥子，多么体面的祥子，变成个又瘦又脏的低等车夫……他的车也不讲究了，什么新车旧车的，只要车份儿小就好。

在先前，他唯一的指望便是拉车；现在，他讨厌拉车。

1.朗读第一组文字，观察高频出现的词，体会其表达效果。

否定词和“只”表明祥子陷入自我否定中无法自拔：否定攒钱买车，否定要强努力，否定希望梦想，只剩下没用的眼泪和高大的肉架子。祥子已走入无助无望的恶性循环中。

2.齐读第一组文字，读出祥子的无助无望。

3.朗读第二组文字并观察它们的共同点，体会其表达效果。

以前有梦想、体面、热爱拉车的祥子和现在只顾眼前、又瘦又脏、讨厌拉车的祥子形成对比，祥子已完全堕落为个人主义的末路鬼。

4.教师小结：

可敬的梦想攀登者彻底堕落为人生放弃者。每个人生来就有攀登的驱动力，每个攀登者心里都住着一个扎营者甚至放弃者。扎营放弃很容易，攀登很难。但扎营放弃，人生就是一潭死水，生活只有单调无趣。勇于攀登，人生才能风生水起，生活才能风光无限。

三、聚攀登，广延伸

1.分享直面逆境的攀登者及事迹。

2.分享直面逆境做人生攀登者的诗句名言。

3.作业：

请引用分享的资料，给武汉市民写一封信，鼓励他们尽快走出疫情阴影，发扬英雄城市的精神，做人生攀登者，为武汉建设和自我幸福奋斗前行。

四、言寄语，抒祝愿

面对逆境，做一个攀登者还是扎营者甚至放弃者，在于自己的抉择与坚守！每个梦想都值得灌溉，愿我们在最美的年华为梦攀登，去创造最好的未来！

以貌“取”人，以形传神

——跟《骆驼祥子》学习肖像描写实录（摘要）

授课/时慧慧

一、明主题，创情境

回顾《骆驼祥子》中印象深刻的人物，并尝试归纳主题。

【屏显】一个善良勤奋的车夫由人“变”鬼的堕落。

【屏显】主题决定人物性格的走向，只有对要塑造的人物在一开始就有“符号”仪式的感知，才能在写作中选择恰当的方式进行描写。

二、三起三落话祥子悲剧

1.一个“勤劳善良的车夫”，你会怎么展开肖像描写呢？

引导把握关键词“车夫”“勤劳善良”，通过四肢、肌肉、精神面貌体现，再对照原文中祥子的外貌，归纳出简笔勾勒、特写及比喻等肖像描写的方法。

2.一个勤劳善良的车夫如何一步步走向堕落呢？怎么才能让人物更丰满呢？

引导学生再次思考，联系自己读到的“三起三落”内容，很自然地想到写人需要在事件上创设波澜，但是还要有所保留，一波三折才更引人入胜。

聚焦“二起”“二落”“三落”“堕落”，探讨祥子各阶段肖像描写，纵向比较祥子肖像变化，归纳写作方法。

三、横纵对比现精神品格

以小组活动为主要形式，梳理原文语句，并归纳方法。

【活动一】横向比较祥子与“车夫”老马两次相遇时老马的肖像描写，探究肖像描写背后的深意。

小组代表：我们组在他们第一次见面时，看到这样的老马：“莲蓬篓儿似的棉袄”写出衣着简陋寒酸，“两个耳朵冻得通红，红得像要落下来的果子”写出寒冷天气下老马的艰辛生活，“干草似的灰发”“炭条似的手”这一组比喻中——“干草”“炭条”，写出老马的身体瘦弱营养不良。

【活动二】探究女性形象：在祥子的故事里，女性形象也很重要，请大家将她们的肖像描写梳理一下。

1.聚焦虎妞。

直观描写句赏析。

小组代表：我们组发现“虎头虎脑”“越老越结实的虎牙”直观写出她的凶、壮实、贪吃，没有女性的温柔；但“擦了粉”“嘴唇上抹头点胭脂”“鼻子纵起些纹缕，折叠着些不屑与急切；眉棱棱着，在一脸的怪粉上显出妖媚而霸道。”这些特写，写出虎妞对祥子与众不同的柔情，霸道又带着妖媚。

一组比喻句赏析。

小组代表：我们发现一组生动形象的比喻句。其中“黑枯了”“霜”这两个喻体写出虎妞老、黑、妆面浮粉的丑陋。

2.聚焦其他女性人物。

二强嫂的丑陋、小福子的勤俭善良、夏太太的风尘放荡，写出祥子身边的各种女性，表明旧社会对底层劳动人民的摧残和迫害，深化了主题。

四、学以致用

1.根据这节课的学习，归纳肖像描写的方法。

2.老师总结一首小诗。

肖像描写方法好，简笔勾勒不可少。
特写聚焦个性表，比喻夸张出奇招。
纵横对比特点保，凸显性格规格高。
无论哪种你来用，扣合主题最重要。

3.牛刀小试。

请用学到的肖像描写的方法，描写人物。（课堂练笔，教师点评。）

这节课围绕《骆驼祥子》中几个描写人物的片段，探究出肖像描写的方法，希望大家学以致用，并能够在名著中发现更多的写作奥秘。

二

王　君：课晒完了。请大家用说课的方式，特别是围绕“聚焦和选点”这个中心，再谈一谈自己的备课故事、备课心路。春霞的课是旧课新上，你先谈。

俞春霞：王君老师说，整本书要在一堂课里展示，“破整”意识就格外重要，否则不能从宏观走向微观，流于泛泛，课就不会起到相应的作用。我的课堂采用“祥子爱情抉择的背后”这个小专题来研读，由以下三个环节构成。

第一环节：人物总体命运走向

先要给学生一个“整”的概念。把聚光灯打在“祥子”身上，抓住核心句：“自己的车，自己的生活，都在自己手里。”这是祥子对生活最大的理想和希望。那他的命运到底如何呢？引导学生说《骆驼祥子》的故事。

通过交流，祥子下坡路的命运走向（从小拉车到无车可拉）清晰可见。人往高处走，那么祥子为什么会这样呢？

第二环节：爱情角度探究原因

首先，填关于祥子、虎妞、小福子的表格。

从年龄、家庭背景、容貌、外号、性格几个方面了解人物，为课堂蓄势。

其次，朗读还原：

一读虎妞和小福子的外貌片段：

她上身穿着件浅绿的绸子小夹袄，……而与黑夜联成一气。

圆脸，眉眼长得很匀调，……同时也仿佛有点娇憨。

虎妞和小福子的外貌描写对比强烈。

二读祥子眼中的虎妞和小福子的文字：

想起虎妞，……也没有像想起她这么可恨可厌！

在他的眼里，她是个最美的女子，……她的一点头，或一笑，都是最美满的回答。

这两段采用第三人称叙述视角，将其改成第一人称，效果更加强烈。

三读祥子与虎妞、小福子的对话。

从对话中感受：虎妞的强势和咄咄逼人，祥子不爱与其对话。小福子温柔可人，祥子想尽方法要跟她说话。

在三读中，学生的回答一次比一次坚定：祥子应该选择的人是小福子。最后，追根溯源：祥子为什么那么讨厌虎妞却跟她结婚了，那么喜欢小福子却在虎妞死后没有留在小福子身边？最后把目光锁定在"经济"上。"爱与不爱，穷人得在金钱上决定，'情种'只生在大富之家。"

第三环节：借助文本打通生活

这堂课从爱情出发，但绝不能停留在爱情上。毕竟《骆驼祥子》不是以爱情为主题，爱情只是祥子在悲剧命运中的依托。追问：除了在爱情面前祥子没有主动权，他在哪些方面也没有主动权？学生找到祥子对“车”“身体”“道德”“诚信”“尊严”等都没有主动权。

祥子的堕落是旧社会和个人因素综合作用的结果。他在人生道路上是“脆弱”的，我们如何从祥子身上得到启示，来增强“反脆弱”能力呢？将学生从书本引到对自身的思考上。

最后，老师用自创小诗总结，以祥子的语气跟学生表白：控诉旧社会，珍惜现在。达到言有尽而意无穷的效果。

夏海芹：一个好的文本就是一头大象，阅读者都是摸象的盲人。对于经典文本，很多人兀兀穷年辛苦批注，最终也只是了解一部分。学生对名著阅读有畏难情绪，是情理之中的事。语文老师要做好名著的“经纪人”，一边是经典小说，一边是现代少年，我们需要修桥铺路，消除少年与经典之间的隔膜。在《骆驼祥子》文字的海洋中，我撷取景物描写这一朵浪花实现教学立意的聚焦，选用比读策略实现教学手段的聚焦，课堂因聚焦而清爽，教学效果因聚焦而扎实。

在进行整本书阅读时，学生往往会跳过景物描写追踪跌宕情节，造成浮光掠影的“浅阅读”。我这节课在选点上锁定薄弱环节，将《骆驼祥子》中的景物描写进行同类信息整合，建构新的阅读场，生发新的阅读发现和阅读思考。课堂先以祥子活动的路线图为切入点，从宏观角度提炼出“时标”“地标”的观点，从中观角度提炼出“情标”的观点，再从微观角度通过两次横向比读和一次纵向比读，带领学生抽丝剥茧，发现以颜色明暗写景、以词语冷暖写景、以视听俯仰写景、以流动静滞写景的奥秘。然后动笔实践，先仿写，再改写，后创写，将习得的方法内化为学生写作的能力。

欧阳艳：《骆驼祥子》是人民艺术家老舍先生的代表作，也是老舍先生最动情的小说。它是一座琳琅满目的宝库，我们虽没有“千淘万漉”的艰辛，却有面对经典无从选择的恐慌。面对此症状，“君说”开出两剂良药：（1）养经典教学断舍离勇气。聚焦聚焦再聚焦！（2）培经典教学自信力。只要打通了教法和活法，人人都能教经典。我这堂课就是在王君老师“断舍离”与“青春语文创新课设计三步上篮法”的影响下设计出来的。

这节课是整本书阅读之主题型文本课堂，主题为“直面逆境，做个攀登者”。确定这个主题的原因是：（1）如何应对逆境是生命个体必须修炼的课题。尤其是当代学生在物质富裕与家庭溺爱的环境下，心灵脆弱，逆商的培养尤其重要。（2）祥子的“三起三落”，写的就是祥子面对生存困境的故事。我直觉上认为祥子的悲欢沉浮是逆商教育的好素材。“弱水三千，只取一瓢饮”，凡是与主题无关的内容，我都大刀阔斧地断舍离，只留下了第二章至第五章和两组文字，顿感备课清清爽爽。初次运用新理念设计课堂，难免粗拙，但万里长征迈出的第一步绝对是我教学生涯中又一成长的纪念碑。

时慧慧：我们明白，阅读是吸收，作文是表达。如果能将学生写作中出现的问题渗透进阅读教学，在读写间架起一座桥梁，让读写成为相得益彰的整体，那么在提高学生作文能力、增加学生阅读深度和宽度等方面都能起到积极的作用。经典名著是上好的写作范本，为我们提供了源源不断的写作思考。王君老师常说要学会“聚焦”，在阅读《骆驼祥子》时，我发现老舍先生笔下的人物形象生动、个性鲜明，精妙的人物描写达到了以“形”传“神”的效果。而人物描写的众多方法中，灵动的肖像描写无论对表现人物外在形象，还是对突出内在品质都有显著作用。所以我把这节课的教学重点定位为：剖析人物不同阶段的肖像描写，探究归纳写作技法。考虑到主题决定着人物性格的走向，我从主题句“一个善良勤奋的车夫由人变鬼”入手，创设了“明主题，创情境”“三起三落话祥子悲剧”“横纵对比现精神品格”“学以致用”四个板块，聚焦祥子“三起三落”的前后变化及与他相关的人物的肖像描写，归纳出描写的基本方法，并进一步明确肖像描写背后所凸显出的人物性格及文本主题内容。

三

王　君：我和陈忠文老师分别展示的《骆驼祥子》教学及这次大家呈现的《骆驼祥子》聚焦定点课，这么多丰富的素材聚集在这里，足以让我们看到一些最本质的东西了。大家都提炼一下，整本书阅读聚焦和选点的基本心法有哪些?

俞春霞：整本书阅读聚焦与选点要立足于学生不同能力的培养，以此出发确立整本书阅读教学中研究的问题、研究的角度、研究的层面，从而设计成不同的课型。侧重学生的汉语教育，就聚点设计成语用型文本课型；侧重文本主题挖掘，就聚点设计成主题型文本课型；适合培养朗诵能力的文本就聚点设计成诵读型文本课型；适合培养积累语言知识能力的文本就聚点设计成积累型文本课型；要帮助学生积累范文、语感、语式、措辞及其他语言表达的经验就聚点设计成写作型文本课型；要培养学生批判性阅读能力就聚点设计成思辨型文本课型……总之，聚点要与课型相匹配，引导学生在整本书阅读中由认知性阅读、理解性阅读向评价性阅读、创造性阅读发展。

夏海芹：高阶思维的有无，是衡量整本书阅读优劣的一个重要标尺。从理论上说，选点越小越聚焦，进行专题研究的思维层级也就越高。整本书阅读的选点可以从文本体裁的角度切入，比如小说类文本，可以从“人物形象分析”“故事情节梳理”“环境描写归类”以及“比照、映衬、伏笔、铺垫”的“写作手法”上做专题。散文类文本，可以从立意的“神聚”和结构的“形散”来聚焦研究。科普类文本，可以从理性和诗性的角度探讨。这样由整本书外在体裁单一的“表”，凿开学生与文本的通道，走进“主题、意蕴、风格、手法”丰富内在的“里”。学生有了高阶思维，才能从对经典的匍匐膜拜中解脱出来，实现平等姿态的对话，从经典中汲取营养，登高望远。

欧阳艳：我认为在整本书阅读小专题选点时，不能忽略名著阅读课也是“经由语言文字的学习，探索生命幸福之道”的。我们要力求做到文本关怀与人文关怀双剑合璧，尝试经典名著与心理学科双剑合璧，方能挣脱名著阅读应试的怪圈，冲破师生厌读的迷阵，撞开名著与生活的壁障，勾连有字之书与无字之书，互联师生与读本的精神世界，实现名著阅读课的“名著上下，风起云涌；课堂内外，风云际会”。要阅读真正“悦读”，在悦读中，寻幸福之正道，愈生命之暗伤，造灵魂之大境，实现语文的意义疗法。这样我们的经典名著定能焕发新的青春，走进师生的生活中，入驻我们的灵魂里，疗愈生命，激发能量！

时慧慧：李煜晖在《探索和发现的旅程——整本书阅读之专题教学》一书中说：“整本书阅读专题教学正是这样一种尝试：教师要研究学生的思想，把教学转变为学生研究，并且帮助学生做研究。最终将专业人员的研究方式，转化为教学与学习方式。”从语文学科能力素养的角度看，基于引导学生主动学习而开展的整本书阅读，在聚焦和选点时有两个基本点，即关注篇章结构语言技法的探究，有意识地将技法聚焦在一个小切口上，挖掘可用于写作指导的内容，较为直观地将读写相结合，逐渐渗透技法；同时在创设选点内容之后探究文本深层次的主题内容，从学生“情动”处挖掘，如祥子这一人物横纵向对比凸显性格悲剧，进而引发思考，循序渐进，最终达到师生共同探讨学以致用的效果。

吴凤云：相较于篇章阅读，整本书阅读在内容含量和思维含量上更宏阔、更系统，有着得天独厚的优势。整本书阅读虽然强调“整”，但在实际教学中，一口是吃不成个胖子的，课堂还是要在深掘一点的基础上，进行广泛勾连。这深掘的一点是教学的关键和根基。大家分别从青春语文课型角度、文体角度、“小主题”开掘角度以及语文学科能力素养的角度，为整本书阅读教学提供了丰富的选点。不论选取哪个点来组织课堂，都要以学生的实际需求为前提，最适宜的才是最有效的。通过重新建构教学内容，打通教法与活法，为学生提供及时有效的心灵援助。整本书阅读教学，我们都是摸着石头过河，相信有持续深入的思考，有审慎韧性的推进，这条路，一定会越走越宽阔。

王　君：凤云老师总结得很好！下一次，我们继续用“聚焦”这个思想来练整本书阅读教学的聚焦取点能力。这个能力练好了，我们的阅读状态和生命状态就会发生质的改变了。期待下次研讨吧。

第七期

定心理之点，
聚疗愈之焦

本期研讨者：青春语文名师工作室成员

王　君　吴凤云　杨晶晶　周忠玉

郑　丹　何庆华　陆　艳

一

王　君：老师们好。我在做这一期的研讨计划的时候，真的是百感交集。因为我全程听了5月20日语文湿地《简·爱》整本书阅读的发布会，大家的每一个设计都让我心潮澎湃。“青春语文意义疗法”这个概念，在我的头脑中越来越清晰。青春语文，就是要追求“经由语言文字的学习，探索生命幸福之道”，就是要追求“打通教法和活法，实践语文意义疗法”，让教师和学生都经由语文学习“见自我，见天地，见众生”。培养语文素养和滋养学生心灵，是“起源于言语实践，贯通于言语实践，落地生根于言语实践的”。因为语文学科天然具有疗愈功能，所以追求“青春语文意义疗法”意义重大。

王　君：“青春语文意义疗法”来自心理学家弗兰克尔1946年开始倡导的“意义疗法”。它是一种在治疗策略上着重于引导就诊者寻找和发现生命的意义，树立明确的生活目标，以积极向上的态度来面对和驾驭生活的心理治疗方法。

弗兰克尔告诉我们：有一样东西是不能从别人手中夺去的，那就是最宝贵的自由。人一直拥有在任何环境下选择自己态度和行为方式的自由。而这种自由，从本质上来说，就是思维方式，就是我们看待世界的方式。

王　君：我们现在很多人身体是自由的，但是精神却忍受着地狱般的折磨。所以，“打通教法和活法”是青春语文一贯的、长期的追求，而研究弗兰克尔，则促使我把“打通教法和活法”明确为“青春语文意义疗法”。大家对《简·爱》的研究和课堂设计之所以让我激动，是因为我看到了整本书阅读就是一个天然的“意义疗法”的

“场”。优质的教学设计，无论从哪个角度切入，无论定位于哪种文本特质，选择哪种课型，我们都依旧可以看到“疗愈功能”在经由“语文”自然实现。相比我们以前的“主题型文本”的研究，“意义疗法”更聚焦，更有针对性，更着重于挖掘文本的心理疗愈功能。这样的课堂设计，使素养的提升训练和心灵的滋养疗愈水乳交融，教学效果直抵人心。

王　君：我被大家的《简·爱》整本书阅读教学设计震撼了。今天，我们就以它们为例，深入探索：如何经由整本书阅读让“青春语文意义疗法”落地。前几期，我们都在谈“定点阅读”和“聚焦阅读”，那么这一期，我们就是“定心理之点”“聚疗愈之焦”，既继续研究整本书阅读的聚焦法，又开始探索青春语文的意义疗法。

二

王　君：先请大家说课吧。五位老师，五种思路，五种设计，精彩纷呈，妙不可言。

周忠玉：《简·爱》共设计三课时。第二、第三课时均依据青春语文“文本特质与课型创新”理念，聚焦人物及心理，打通“教法和活法”，努力践行“青春语文意义疗法”。

第二课时“坏舅妈or好舅妈”：

1.坏舅妈。精选语段揣摩“坏舅妈”之坏。

2.委屈的舅妈。从作为妻子和作为母亲两个角度重新看里德太太难言的委屈。

3.善良的舅妈。揣摩舅妈临终前的内心独白，品读其本性的善良。

三个环节层层探讨，凸显了思辨型文本的价值：没有绝对的好人或坏人。

第三课时“好的爱情，好的婚姻”是主题型文本。教学缘起是在家庭教育和学校教育中，极少有家长、老师和我们坦坦荡荡地聊爱情与婚姻。整节课共分为五个部分，意图引导学生明白好的爱情和好的婚姻的实质。

1.爱情故事。

概述课前绘制的思维导图，引导学生梳理简·爱与罗切斯特从相识到结婚生子之间的故事情节，体会他们一波三折的爱情。

2.爱情真相。

聚焦名著细节，探讨两个身份、地位、财产等不对等的人相爱，第一次没能如愿举行婚礼的原因以及简·爱拒绝的理由。重点整合他们的对话，发现故事冲突的焦点：罗切斯特的疯妻还活着。在品读罗切斯特近乎狂热的表白中，体会到男权社会下男性的自大、自私的爱情观和婚姻观。探讨结论是：两人虽然有爱情，但不能结婚，根本原因是不合法。但隐瞒与欺骗，这是对女性极不尊重的表现，从而体会简·爱自尊自爱、坚守原则、意志坚定、独立自由的鲜明个性。

“好的爱情是怎样的？好的婚姻又是怎样的？”引导学生明白“好的故事和我有关”，和生命成长有关：好的爱情与婚姻是平等的，无高低卑贱之分。好的婚姻是情意相通、符合道德规范、不触碰法律底线的。

3.爱情≠婚姻。

结合简·爱重返芬丁庄园与罗切斯特聊结婚，探究何为好的婚姻。

4.灰姑娘的逆袭。

将整本书打通，从简·爱身上发现女性成长在当时英国社会和我们现实生活中的重要意义。

交流的话题：简·爱作为一位孤儿，最终赢得了高贵的爱情与合法的婚姻，最关键的因素是什么？结合求学、求职、爱情经历，将目光聚焦在对她成长产生重大影响的洛伍德学校生活和求职简历等，探究简·爱从盖茨黑德的怪癖“辣妹”一步步成长为洛伍德学校的超级“学霸”、桑菲尔德职场上的“白骨精”以及最终成为芬丁庄园主宰自我命运的新女性。

5.好故事和我有关。

引导走向心智成长：爱恨纠葛有时也可以化解。化解恨，学会更好地爱。只有做更好的自己，幸福才会向你奔来。

郑　丹：我把《简·爱》看成成长小说，写的是一个人走向独立、自由的成长之旅。成长的要素很多，小说里简·爱的成长表现为离开：离开盖茨黑德府，摆脱不幸的童年，获得新生的机会；离开洛伍德学校，挣脱庸常的生活，走向无数的可能；离开桑菲尔德，逃脱爱情的诱惑，获得人格的独立；离开沼泽居，解脱宗教的罗网，获得心灵的自由。离开的难度一次次增加，简·爱的力量一次次增强。小说也是以简·爱的行踪为线索的，围绕四次离开展开小说情节，开端、发展、高潮、结局。同时，小说以第一人称视角，有大量的内心独白，这对于反映离开动机、揭示离开意义有重要作用。学生初三了，马上要离开母校。而这，仅仅是开始。人生，其实是不断离开之旅。如何对待离开，是每个人终生的课题。

基于文本特质和学生需要，我把议题定为“成长与离开”。离开在成长中的作用，离开是否必然带来成长，离开的实质是什么，围绕这些问题，我设置了五个环节。

第一个环节，辨别四幅封面，初步感知离开。出示四幅小说封面，让学生说说哪一幅最能体现简·爱形象。这个环节主要让学生根据封面谈谈对小说的整体感受，在分辨中清晰离开与简·爱的关系。

第二个环节，仿拟四个标题，简要梳理离开。我选择《西游记》里关于唐僧的回目做示例，目的有二：（1）人物地点事件一目了然，便于概括简·爱的行踪；（2）为后面跨小说比较做铺垫。

第三个环节，寻找四次动机，细致分析离开。先请学生找出简·爱每一次离开的动机，并分析她的性格。接着求同，动机的共同点是什么。再比异，动机可以分成几类。

第四个环节，盘点四次收获，探寻离开意义。让学生比较哪次离开最重要，用“如果不离开______简·爱就不会_______离开使人____”的句式说话。再思辨，离开是否必然带来成长。

第五个环节，联结四个故事，学会勇敢离开。我先出示阅读单，让学生填写，将简·爱和唐僧比较，从出身、磨难和结局三个方面思考离开得到成长需要的因素。请你用“离开需要______”说话，再联结丑小鸭、鲁迅先生、王君老师离开的故事，教学生学会离开。

何庆华：我的方法是联系《孔雀东南飞》，通过一本到一类的群文比较阅读，确定本次课型为思辨型文本阅读，课题为“思辨爱情之妙，寻求幸福之道——《简·爱》《孔雀东南飞》比较阅读”。通过整合聚焦，以“比较不同人生，探究人物内因，寻求幸福之道”为教学主线，构造立体课堂。

一、春波绿里惊鸿影——初识感知

此环节聚焦故事，设计了两个活动：初知故事梗概，初识女主印象，了解《孔雀东南飞》和《简·爱》的大致故事内容，略谈对两位女主的初步印象。

二、动人春色不须多——聚焦人物

聚焦刘兰芝、简·爱，通过小组合作，填写表格，从不同角度走近人物，把握不同人生经历。孤女简·爱走上了幸福人生路，美女刘兰芝却殉情而死。在美读美品中明白：刘兰芝能弹箜篌诵诗书，能织布裁衣，还能“三日断五匹”，在今天定是职场“白骨精”！可是这位集才华和美貌于一身的女子却婚姻失败，走上不归路。

三、思辨爱情解密码——探究内因

别林斯基说：“偶然性在悲剧中是没有一席之地的。”刘焦婚姻失败有门第说、不孕说、恋母说等。这里只聚焦刘兰芝本人，探究内因。学生探究发现了软弱说、妥协说、善良说。无原则的善良是软弱甚至是恶的帮凶！刘兰芝的殉情是一种最惨烈的爱情悲剧。古今中外，这种爱情悲剧不在少数，如《梁山伯与祝英台》《罗密欧与朱丽叶》。

简·爱为什么能够走上幸福路？引导学生聚焦赏析描写简·爱的三个片段：童年被关，歇斯底里地反抗；成年被逼嫁，义正词严地拒绝；恋爱被试探，决不妥协地出走。在比较中悟得真正的爱情不是软弱妥协和一味善良，而是自由平等和尊重。

四、追寻幸福也有道——打通活法

张爱玲曾说过："见了他，她变得很低很低，低到尘埃里，但心里是欢喜的，从尘埃里开出花来。"卑微的爱情修不成正果。简·爱说："我们在一起既像独处时一样自由，又像相聚时一样欢乐。"自由、平等、尊重是爱情的活法，也是人生的活法。

最后进行课堂小练笔。话题为：（1）假如生命可以再来，刘兰芝如何进行婚姻保卫战？（2）评选年度最美婚姻，请为获奖者简·爱写一段获奖感言。此环节中让学生自由抒怀，并引入苏霍姆林斯基谈爱情的语录和舒婷的《致橡树》，寻求幸福之道，以疗愈心灵，为人生奠基。

杨晶晶：我的课型是思辨型创意设计——"封面里的辩证法"。从封面设计与比较导入，确立"不漂亮的小个子女人简·爱为什么美得惊心动魄"为中心话题，以破译封面里的"象征"为路径进行文本推理，得出简·爱之所以美得惊心动魄，是因为她是浪漫的逐光者。追逐理性的光芒让她变得无比强大，同时，出走半生得到的诸多指引所形成的善良和宽容，度她重生——让她不再迷茫、焦虑、偏激，也让她具备了给别人带来救赎、愉悦、幸福的能力。如果说理性的清明是一种强大的能力，那么拥有善良就是一种慈悲，一种境界，一种习惯，一种修为！

教学过程如下：我以"封面党"话题激趣暖场。

一、初聊封面，梳理情节

我请学生观察不同版本的《简·爱》封面有何相似点，出示封面设计策略：象征，请学生用译序原文解读封面的相似点象征什么，进而引导学生回顾简·爱抗争的故事，顺势推出更加耐人寻味的译林版封面，告诉学生破解封面上的象征，就会发现简·爱惊心动魄的美。

二、探析封面，辨析人物

（一）一解象征：破译被抛弃的洋伞

我引导学生思考：“洋伞”对女孩子来说可以象征什么？可以成为简·爱生命里的“洋伞”的人有谁？他们作为“洋伞”可靠吗？如果简·爱紧紧握住“洋伞”，等待她的会是什么？推理结果是三位最应该成为简·爱的“洋伞”的人不同程度地要求她抛弃自我，放弃自主判断力，保持卑微。“被抛弃的洋伞”象征着不愿意失去自由、自尊的简·爱大胆地向歧视、伤害她的庇护者们说不。

（二）再解象征：揭秘乌云下的光芒

我引导学生阅读一组简·爱向庇护者们大胆说不的文段，聚焦简·爱的反诘，并比读屈原、李白、《少林足球》里“星”的反诘，让学生感受到反诘所蕴含的清醒、果敢坚定、自尊自信、干净利落、潇洒帅气的理性，揭秘光芒象征理性。

（三）三解象征：破解天蓝色的长裙

蓝色象征浪漫。我把面对双目失明、妻亡财毁的罗切斯特，简·爱浪漫的选择和更理智的选择放在一起，让学生评判哪种选择更吸引自己，进而牵引学生阅读第三组文段，完成矛盾对立式填空，辨析“善良”的丰富表现。再引入一段演讲视频，让学生感受到天蓝色的长裙所象征的简·爱身上诗一般浪漫的善良非常可贵。

三、质疑封面，升华认知

通过思考封面上的手绘版女孩换成其他照片版女孩的设计对比，学生领悟到手绘女孩更具象征意义，她象征每个浪漫的逐光者，每位同学都应该用“做浪漫的逐光者”建构自己的价值信念和精神坐标。

四、添加腰封，完成内化

学生设计腰封，在实践中完成内化。

陆　艳：我设计的这节课的核心话题是“冲突”。聚焦小说里人物之间、人物自身、人物与社会三个维度的冲突，并借用LOCK情节系统引导学生读名著、写故事，借鉴别人的成长来助力自我成长，打通写法与活法，授课过程如下。

一、用名言引出冲突

开头借用英国著名小说家约翰·勒卡雷的话引出《简·爱》开始的第一场冲突，从而引起学生的思考——什么叫冲突？

接着介绍冲突概念以及冲突产生的基础。运用美国作家詹姆斯·斯科特·贝尔在《这样写出好故事》一书中提出的LOCK情节系统，作为分析冲突的结构基础。

1. 主角（Lead）：有趣的主角。

2. 目标（Objective）：主角的需求与渴望。

3. 冲突（Confrontation）：主角实现目标的障碍。

4. 精彩的结尾（Knock-out）：

正向结尾——主角达成目标。

模糊结尾——读者不知道主角是否达成目标。

负面结尾——主角没有达成目标。

带着学生用以上系统复盘一下《简·爱》里的故事，引出问题：在简·爱的成长路上到底有哪些冲突呢？

二、寻书中各类冲突

第一种冲突：人物之间的冲突。

在找寻简·爱成长路上的冲突中，先聚焦简·爱婚恋路上的最大冲突——疯女人伯莎，并让学生用思维导图画出伯莎·梅森的活动轨迹。研讨一个关键问题：如果没有这个疯女人，故事会怎样？

由伯莎再引发学生思考小说里其他人物带来的冲突，讨论交流后发现：

1. 里德舅妈是简·爱童年成长中的冲突。

2. 勃洛克赫斯特是简·爱少年求学中的冲突。

3. 圣约翰是简·爱青年时期婚恋生活里的冲突。

与这些人物之间的冲突让简·爱从一个小女孩逐渐成长为一个独立、自尊、自爱的女性。学生也渐渐发现：成长之路上或多或少都会遇到一点冲突，引发障碍，这是人生的常态。

第二种冲突：简·爱的自我冲突。

对学生找到的例句进行分析发现，简·爱的内心存在自尊和自卑的冲突，这也让简·爱这个女性形象成为小说史上的一个经典，更让学生明白了成长路上遇到的冲突会引发内在世界的失衡，需要及时调整，找到合适的出口。

第三种冲突：作者与社会的冲突。

通过引入夏洛蒂个人的成长经历以及当时名人对妇女地位的看法，让学生在文中找到文句证明简·爱身上有着作者跟社会的冲突投射，体会到作者对以男性为中心的英国社会的公开挑战与争取平等的呐喊。《简·爱》里还有夏洛蒂的自我精神追求与社会现实的冲突，让学生们懂得成长需要勇敢，敢于挑战，敢于表达。

三、用“冲突”说故事

让学生用LOCK系统交流自己阅读过的小说，重点分析人物的成长过程中有怎样的冲突。

四、用“冲突”写故事

让学生通过学习《简·爱》中孤女的成长故事，写一个人物的成长故事，并用LOCK结构来列写提纲。

三

王　君：大家的设计太优秀了，值得我们用很多时间来深入研究。但这一次篇幅有限，我们就先做一个初步的研讨。结合这些设计，请大家畅所欲言，发言主题围绕两个关键短语：聚焦之技巧、疗愈之路径。

陆　艳：我以小说创作手法之鲜明特色“冲突”架构全课，先整合各种冲突，给学生一张全书的冲突“地图”，再借用LOCK情节系统引导学生分析冲突产生的原因，经由分析原因找寻解决冲突的方法，引领学生借鉴简·爱的做法来疗愈自我面对各种冲突时的无奈与彷徨，从而领悟“冲突的意义”：冲突经常在，我辈当自宽。从简·爱到祥子、尼摩船长、孙悟空等其他经典人物，我引领学生学会用别人的成长来助力自我成长，再回到自己的生活去创写一个人物的成长故事。这就是青春语文之根本，打通教法与活法，也是打通写法与活法，也是打通语文课与班主任工作。总之，整本书阅读教学聚焦是关键，语文课心灵成长疗愈是良方。

杨晶晶：研究“封面图片”，是从整本书的“表现形式”入手探索书的深层内蕴。王君老师曾说“换一种观察的角度，变一个思维的方向”，观察封面并破解其象征意义就是整本书阅读常规角度的转换。这样做可以给学生开拓出广阔的思考天地和巨大的想象空间，不仅对学生把握《简·爱》中的人物性格、推理情节发展起到了极大的帮助作用，还让课堂教学充满了浪漫而魔幻的色彩，吸引学生去深入咀嚼原文。

在教学过程中，我还引入了黑格尔的辩证法思想。学生通过逻辑性较强的文本推理，不仅最终获得了对文本象征意义的深入理解，同时对于简·爱这个人物形象的多层意蕴，也有了更形而上的理解。这个过程，应该就是增长智慧、滋养心灵的疗愈过程。

周忠玉：青春语文的“读法”，是“教法”，也是“活法”。我采用微观视角，聚焦同一个人，滋养学生心灵。一是聚焦里德太太，疗愈阅读偏见。大多数学生讨厌里德太太，但从简·爱的原生家庭分析，她对舅妈有心理偏见。聚焦舅妈多元身份的特点，思考其抚养简·爱，在精神和物质层面上均承受着委屈。其临终忏悔，可怜又善良。教者要引导学生读出人性的真实和丰富，要对里德太太这样生之艰难、爱之苦痛的人物心存悲悯之心。二是聚焦简·爱，疗愈成长偏见。简·爱从自卑孤儿成长为独立女性，选择的是一种自内而外打破自我的新“活法”。聚焦爱情故事，关注矛盾焦点，品读心灵对话，引导学生打破成长偏见：在不断追求中，重塑性格，重建心灵，做更好的自我。

郑　丹：我从文本内部突破，采用中观视角，聚焦同一类情节。简·爱四次离开的情节相似，都是离开当下的生活状态，都意味着放弃当下的拥有，都面临着未知的不确定，因而引起内心的冲突和挣扎。而离开后的生活也不是一帆风顺，总有一些波折甚至磨难。然而，正因为放弃的不舍甚至痛苦，才凸显成长的收获和可贵。不经历断舍离，就没法实现独立和自由。放弃是为了更好地拥有。如果不把这些情节聚合起来，就很难发现小说情节上的相似点，更难获得对于离开的实质、离开的意义以及如何离开的显性认识。因此，聚焦情节信息，要把每一个情节分解，寻找相似点，发现共同点，再与学生生活勾连，提炼出疗愈学生心灵的要素，从而最大限度发挥文本的疗愈价值。

何庆华：我则立足宏观视角，聚焦同一类故事进行创意教学设计。将同为爱情主题的小说《简·爱》和诗歌《孔雀东南飞》进行比较阅读。聚焦简·爱和刘兰芝两个人物，探究二人不同人生的内因，意从内在心理突破，探究爱情生命本质。明白爱情的真谛不是刘兰芝式的软弱妥协和一味善良，而是简·爱式的追求自由平等和尊重的自我认同。青春语文意义疗法在于打通教法和活法，探索生命幸福之道。疗愈路径之一就是学会自我认同，理智地看待并且接受自己，热爱生活，奋发向上，积极独立，有明确的人生目标，并且在追求和逐渐实现目标的过程中体现自我价值。爱情的活法就是人生的活法。生命幸福之道就是在追求自由平等和尊重中实现自我认同，体现自我价值，赢得社会认同。

吴凤云：这五堂课里站着同一个简·爱——一个身处逆境仍奋发向上，生活艰苦却精神独立的女孩。这个女孩在五堂课里从不同层面疗愈着青春期孩子成长中可能遇到的种种心理问题，之所以产生这样的效果，是因为这五堂课聚焦点虽然不同，但价值追求一致，即经由《简·爱》的阅读，让“青春语文意义疗法”落地。陆艳老师聚焦“冲突”，疗愈学生面对冲突时的各种无奈；晶晶老师聚焦“封面图片”，解读书的深层内蕴，疗愈学生心灵；忠玉老师聚焦舅妈和简·爱，疗愈阅读偏见和成长偏见；郑丹老师聚焦“离开”，提炼疗愈学生心灵的要素；庆华老师既聚焦又联通，教给学生疗愈自我的路径。五堂课不仅在语文素养方面具有清晰的目标指向，让学生在课上收获实实在在的“一得”；而且对学生进行了人格和生命教育，既立德树人，又疗愈心灵。五堂课打通了读法与活法，实现了阅读与生命的共振。朱永新老师说过，“一个人的精神发育史就是他的阅读史”。青春语文课堂的整本书阅读，不仅要打造学生学习语言文字的活动场，更要打造助推学生心灵成长的生命场。

王　君：聚焦之技巧，疗愈之路径，这两方面的智慧，是青春语文整本书阅读的核心智慧。我们下一期，再往青草更青处漫溯。

第八期

教师个体
“同书异构”
意义重大

本期研讨者：青春语文名师工作室成员

王　君　俞春霞　胡金辉　吴凤云

陈　荔　苏　丽　何培培

一

王　君： 老师们好。上一次研讨，我们研究“青春语文意义疗法”，号召老师们从心理学的角度审视整本书，挖掘经典名著的疗愈意义，备出好课，帮助学生健康成长。其实，研究经典，直面学生精神困境，疗愈学生的同时，我们还会有一个重大的收获——实现自我疗愈。这个观点，我在以前的很多次教研活动中反复提及过。

王　君： 这就是大家看到我以前研究单篇教学时，喜欢尝试“一个人的同课异构”，而现在进行整本书研究，我又很喜欢“一个人的同书异构”的原因。无论哪本书，只要是经典，我对自己都有一个要求——要么不做，要做就做成系列。系列化的好处是，逼着自己从更多的角度去研究一本书，以更多的课型去为名著专题研究课“塑形”。我沉醉于此，乐此不疲，并不是自己有多么高尚，而是发自内心地感受到了在这个过程中被疗愈的美好。这个过程让我觉得自己不再是为了教书而教书，为了研究名著而研究名著，我更是在为自己的心灵幸福打拼呢。

王　君： 当然，经典研究肯定是艰苦的脑力劳动，只有能享受这份艰苦的老师，才能收获这样的幸福。值得欣慰的是，我发现工作室的不少老师也开始来享受这份“折磨”。其中，俞春霞老师的“读《傅雷家书》，渡青春河流”的系列导读，从第一期到第五期，洋洋洒洒，坚持下来，不仅形成了非常漂亮的系列文字成果，还参与了语文湿地教师成长学院的宣讲，把解读变为课程，把语文课名著阅读成果变为班级管理的推进器。她的研究轨迹让我惊叹，让我感动。我觉得，教师经由名著研读提升了教研境界、生命境界，实在非常了不起！所以，这一期，我们就研究春霞，学习春霞，以此给自己定下新的目标。我们先请春霞老师简要介绍她的研究过程和研究成果。

俞春霞：我在指导学生读《傅雷家书》时注意点立足在青春期学生的生命意义——他们在青春期的挣扎和困惑上，致力于让他们通过读《傅雷家书》得到恰当的疏解，而在疏解中，又能更好地走进作品。我前期采用和学生就一个主题共读共写，然后利用公众号在班级群推送的方式推进，后来又形成了五节聊书课，分别是：父亲的谦卑、亲子的能力、爱情的理性、立身的姿态、逆风的飞翔。每个话题的选取都结合了班里的学生当下最实际的困惑和书本的内容融合提炼而出，总命名为"读《傅雷家书》，渡青春河流"。在聊书的过程中我融入了王君老师的《亲爱的孩子，见字如面》、朱光潜的《给青年的十二封信》和蒋勋的《生活十讲》等著作，力求达到"全方位多视角""理性和情感"融合的效果。

王　君：非常遗憾，篇幅有限，不能全面展示春霞的成果，我请春霞用4000字展示一下部分研究成果。

俞春霞：好的。以下为我的成果"读《傅雷家书》，渡青春河流"系列课介绍：

第一讲：父亲的谦卑

目标：

1.感受《傅雷家书》中父亲谦卑中浓浓的爱。

2.对比勾连、体悟父亲谦卑的意义。

3.由"父亲的谦卑"读出敬畏之心。

过程：

总体介绍这本书的特定背景，以及傅雷的家庭成员。

感受《傅雷家书》中父亲谦卑中浓浓的爱。

赏析片段一：表达忏悔

1.“孩子，我虐待了你……有些罪过只能补赎，不能洗刷！”

2.“尽管我埋葬了自己的过去，却始终埋葬不了自己的错误。”

对比邹韬奋在《我的母亲》里的“背书背不出被父亲责罚”直打得右手掌“发肿有半寸高，偷向灯光中一照，通亮，好像满肚子装着已成熟的丝的蚕身一样”。

对比鲁迅在《五猖会》里的片段，看五猖会前被父亲责令背书。

突出傅雷忏悔的意义。

赏析片段二：苦苦索信

1.孩子，你尽管忙，家信还是要多写……才“一块石头落地”！

2.我们历来问你讨家信，就像讨情一般。……好不好？

3.真的，孩子，你万万想不到我跟你妈妈这一个月来的精神上的波动……像你这样的孩子！

对比《红楼梦》里讲“痴心父母古来多，孝顺儿孙谁见了”。

对比作家苏雪林的回忆里，“父亲威严可畏，从来不敢和他亲近，甚至一听见他的声音，便藏躲起来”。

对比我的记忆里，我爷爷说起他的父亲都是稍有不慎一个巴掌扇过来。给我的印象好像是那个时代的父亲只懂粗暴，不懂温柔。

突出傅雷在孩子面前流露脆弱的意义。

赏析片段三：怕和自卑

我和你妈妈老是想着你二三岁到六七岁的小故事……会引起你的

憎厌。

对比《背影》里的年老父亲跟儿子妥协是那样别别扭扭，“我身体平安，唯膀子疼痛厉害，举箸提笔，诸多不便，大约大去之期不远矣”。

对比《台阶》里的父亲，他拒绝儿子的帮助，很粗暴地一把推开儿子，不承认自己的衰老，可是“父亲老了”是个不争的事实。

突出其实在孩子眼里会示弱、会妥协的父亲更可爱。

三个角度的赏析引发学生反思“父亲的谦卑”的意义：当一个人知道自己的不足之处时，反而会令我尊敬他；家庭中的妥协，其实是一种理性而深刻的宠爱（王君老师语）；“父亲的谦卑”，代表着强者的低头，当一个人的眼里开始懂得关注“小”，关注比他弱的人时，温柔之心就已形成，人格的魅力也逐步显现，视野格局也会因此而开阔起来。

第二讲：亲子的能力

目标：

1.了解当下家庭教育“亲子的能力”匮乏的现状。

2.探察父母的原生家庭对其教育子女的影响。

3.感受傅雷教子的方方面面，体悟他“亲子能力”背后的用心。

4.重新审视我们自己的亲子关系，用学习者的心态武装自己。

过程：

以学生周欣悦的话引入话题：不仅看到傅雷严厉的“教”，还要看到傅雷言传身教的“育”。全国两会代表提出建议家庭教育立法，也在很大程度上反映了当下家庭教育的问题。

傅雷对傅聪一度粗暴是由于其原生家庭的影响。壮年之后，傅雷的性格变得平和，在亲子教育上慢慢开放，注重以下几个主要方面的引导。

片段赏析一：品德的塑造

1. 爸爸来信口气……我的自我批评精神还是始终如一。

2. 你们的来信每次都使我感到自己是多么自私……就像是鞭子鞭策着我的内心。

儿子会揣摩父亲的口气，会感受到父母的“热忱”和“实事求是”，以及他们对自己的要求，这本身就是一种素养。傅雷教育傅聪永远“德”在先，爱在前。这是有格局的父母给孩子“单枪匹马”闯世界的盔甲。傅聪对人对己评价客观，不虚美，不隐恶。

片段赏析二：艺术的追求

我现在整个的心、灵魂都在音乐里……而内心生活又培养了我的音乐。

任何技能的习得从来不仅仅靠天赋，必须要有后天的刻意练习。傅雷自己就是一个对工作、对艺术孜孜不倦的人，对待子女严苛。傅聪终身以琴为命是教育的结果。

片段赏析三：爱情的理性

我知道自己还是太年轻……幼时那初恋的影子老是缠着我。

子女对父母的信赖，父母对子女的推心置腹，都是优质亲子关系的体现。

片段赏析四：心理的建设

1. 我是极其敏感的人……有时甚至会自卑。

2. 最近我的心情已经好转了，一方面因为去捷克、南斯拉夫期近……

我几乎不大能再用心思考别的问题了。

傅聪毫无保留地跟父母分享自己的心情。傅雷特别在意孩子的心理健康，大抵是由于他从小受到过多的心理压抑，到了父性觉醒的时候，他反而比其他父亲更敏感，而这恰恰也给迷惘中的儿子指明了方向。

片段赏析五：生活的能力

尽管我对实际事务常常不大经意，我却从来没有脱离生活……从心里奔放出来。

傅雷夫妇对傅聪的教育体现在方方面面，不仅在艺术，还有婚姻、生活、理财等多个方面。除了“关心粮食”“关心蔬菜”之外，还要关心国内外的大事。

通过这样的聊书活动，告诉学生们要明确自己的方向，不管父母怎样对待我们，我们千万不要有“受害者”的心理，而应该具备学习和成长型的思维。

第三讲：爱情的理性

目标：

1.了解“爱情”教育在家庭教育中缺失的背景。

2.三个方面探讨“早恋”为什么不能“早”。

3.四个方面研究“婚姻”哪些要早知道。

4.对“爱”树立敬畏意识。

过程：

美国著名社会心理学家弗洛姆曾说，爱是一门艺术。

蒋勋在《生活十讲》里说：“我不知道为什么我们的社会会忙

成这样子，没有时间停下来倾听孩子的心事，没有时间揉揉孩子的肩膀。”他还说：“教育不是在教书，事实上这是一份救人的工作。”

于是，我借《傅雷家书》跟学生探讨“早恋”和“婚姻”。

（一）“早恋”为什么不能“早”

1.年事尚早，感情会变

你年事尚少，出国在即……从而也没法保证双方的感情不变。

对比思考电影《匆匆那年》里陈寻和方茴的爱情。

对比思考学生读不懂《红楼梦》里宝黛二人含蓄的爱情本质。

2.精力有限，学问第一

另外一点我可以告诉你……学问第一，艺术第一，真理第一，爱情第二，这是我至此为止没有变过的原则。

告诉学生学习的根本目的，不是分数不是升学率，而是让自己更好、更美、更善，将来可以看得懂这个多面的世界，有一个可以掌控的未来和一个高贵的灵魂。“爱”应该更加广义，我们读书是和书本谈一场恋爱，我们学习是和学习谈一场恋爱，我们在艺术中发现爱，我们在真理中追寻爱……

3.自爱理智，克制感情

关于你感情的事，我看了后感到无限惶惑不安……太不自爱了，这是不必要的痛苦。

妈妈朱梅馥直言傅聪“爱情不专”，应该“多用理智，少用感情”，并且用自己的恋爱婚姻来告诫他：世上没有什么绝对的自由。

少年的心还背负不了爱情的沉重。不如把一份爱默默地放在心里，让它成为青春里的一个闪亮的坐标。

（二）“婚姻”哪些要早知道

1.包容和呵护是不二法门。

2.有空间才能有彼此。

3.共同成长是保鲜剂。

4.婚姻必须贴地而行。

通过这样的聊书活动，告诉学生们：通往爱情的路，不是光有爱就行，还要有一颗好的心和一个更加优秀的自己！

第四讲：立身的姿态

目标：

1.展示理想中的个人生活姿态。

2.品悟六个维度塑造立身姿态。

3.寻找更好的“自我”姿态。

过程：

蒋勋曾勾画过这样的场景：每一个角落都有一个人的自信，而且安安静静的，不想去惊扰别人似的。如何才能达到这种“自信”与“满足”呢？

《傅雷家书》六个维度塑造立身姿态：

（一）礼仪是立身的形象

既要有公众场合的礼仪，也要有私人场合的教养。

（二）行动是立身的筋骨

对待朋友看行动。介绍管仲和鲍叔、柳宗元和刘禹锡的故事。

（三）真诚是立身的精血

与人相处不要耍滑头，不要把对方当成傻子。人笨点不要紧，真诚是第一要义，所谓“路遥知马力，日久见人心”就是如此。不要指望人家一下子了解你，人家对你有误解也是正常的。切忌用自己的想法去揣测别人，不要把人想得那么坏，先要把人往好处想。还要善于检讨自我，以真诚客观的心去认知自我。

（四）勤奋是立身的能量

万恶懒为首：一个人勤奋工作就能获得立身的能量。需要注意的是，太功利的勤奋有时候也会适得其反。只有热爱之下的勤奋才可以更好地前行。

（五）虚心是立身的血脉

读书学习是立身最好的方式、渠道。而读书学习的前提是你必须空出心来：只有清空自己才能不断汲取，才能不断遇见崭新的自己，保持生命的新鲜。

（六）自律是立身的根基

管住嘴其实是最大的修行，我们用了不长的时间学会说话，却要用一生的时间学会闭嘴。

通过今天的聊书活动，我们大体让学生知道了一个人的立身姿态，并观察内在的那个“我”。

我们每个人都应该更满足地做自己，执着于自己脚下的路：

我们为什么放着很优秀的兔子不当，而一定要当很烂的老虎呢？

——朱德庸

第五讲：逆风的飞翔

目标：

1.了解生命的真相是吃苦。

2.感知“逆风飞翔”促成长。

3.探寻逆境突围的路径。

过程：

一个学生问我：生活这么难，我们活着的意义是什么？

我答：活着是寻找自己的力量，不停地去了解自己……

（一）生命的真相是吃苦

不要以为只有你一个人有烦恼，人生实苦，这是真相。——傅雷

我们终将遇见爱与孤独。——张德芬

生命是一袭华美的袍，爬满了虱子。——张爱玲

不如意事常八九，可与语人无二三。——（宋）方岳

弘一法师临终写下四字：悲欣交集。

《名人传》的名人悲惨遭遇。

启示：无惧困境，逆风飞翔！

（二）“逆风飞翔”促成长

人一辈子都在高潮低潮中浮沉，唯有庸碌的人，生活才如死水一般。

人没有苦闷，没有矛盾，就不会进步。

人生也没有perfect的一天！惟其如此，才需要我们日以继夜，终生的追求、苦练。

挫折能培养人坚韧、耐心、同情心、抗挫力等。

启示：人在矛盾里成长；接受不完美，强大自我；培养自己的“阳光思维”，相信自己的能量。

（三）逆境突围的路径

1.工作能忘记烦恼

事实上我受着“人”的生理限制，不会真的虚无寂灭到那个田地的，

而痛苦烦恼也就不可能摆脱干净，只有靠工作来麻醉自己了。

启示：唯有给自己的生命注入新的价值，才能从烦恼中挣脱出来，喘一口气，进入下一个矛盾中。学习工作使你忘忧，但是也不要把所有的生命价值都寄托在学习工作的“成就”上，那样也会适得其反。

2.自然能助人排遣烦恼

多亲近大自然倒是维持身心平衡最好的办法。

终日在琐碎家务与世俗应对中过生活的人，也该时时到野外去洗掉一些尘俗气。

启示：逆境并不可怕，要学习寻找突围的路径。成功跨越青春河流，成就不一样的人生！

王　君：大家学习了春霞的成果，请谈一谈你们的心得吧。请尽量从不同的角度来谈。

胡金辉：俞老师擅长勾连，其勾连艺术主要体现在：一是广泛勾连，多样打通。俞老师将《傅雷家书》与王君老师的《亲爱的孩子，见字如面》、朱光潜的《给青年的十二封信》、蒋勋的《生活十讲》融合，不同角度多样打通。二是巧妙勾连，画龙点睛。如“亲子的能力”一课，以余光中《写给未来的你》作结，巧妙联结两位大师亲子教育的智慧，启发我们对亲子关系的思考。三是深度勾连，发现意义。俞老师多处勾连《亲爱的孩子，见字如面》，发现《傅雷家书》对心灵成长的重要意义。

陈　荔：面对青春期的孩子，春霞老师展现了完美的聚焦取点艺术。一是聚焦现实，取点父爱，引出对人生的敬畏；二是聚焦学习，取点原生家庭对孩子的影响，引导孩子用学习武装自己；三是聚焦爱情，取点早恋话题，启发青春期孩子对早期爱的萌芽的思考；四是聚焦人格，取点勤奋、虚心、自律，引导孩子对立身的认知；五是聚焦生活，取点挫折，以书信方式突围低迷。春霞老师对整本书的聚焦取点都紧密围绕着青春期孩子成长的困惑和疑虑而进行。

何培培：春霞老师通过内容重构，聚焦书中的同类信息，提炼出五个和青少年学生实际生活息息相关的话题，如“立身的姿态”“爱情的理性”等。老师和学生就这些话题共读共写，深入探讨，并在公众号上发表，有效地调动了学生的积极性，拉近了学生与名著的距离。借助联系思维，勾连多个文本，充分发挥了名著的教育价值和引导功能，帮助学生在阅读过程中进行自我反思和自我完善，借助阅读实现了学生个人的精神成长。

苏　丽：观春霞讲《傅雷家书》，我看到了春霞与原著、春霞与学生进行多重对话的过程。春霞提炼了五个谈话的主题，这是开启一场有意义谈话的第一步。这五个话题均是学生当下存在的实际问题，能碰撞出智慧的火花，能进行心灵深度的思想交流。在这样的主题之下，春霞采用了选点聚焦式，整合书中的关键段落，将学生带进一个神奇语言的镜像之城，引导学生发现自我，完善自己的精神之像。

吴凤云：一本书就是一笔丰厚的宝藏，春霞老师本着“一书多读”的思想从不同角度进行开采，形成了自己的课程体系。她以“读《傅雷家书》，渡青春河流”为母题，设置了五个议题，每个议题下面又提出了多个小问题。这样的教学，对整本书的内容做了全面合理的规划，不仅有效发掘了一本书的教学价值，也切实帮助青春期的孩子解决了成长中的各种困惑。

王　君：我想请可敬的春霞谈谈整本书多角度解读的心得，把解读成果变为课程的心得。

俞春霞：首先，整本书阅读要有“破整”的意识。教学想要把整本书在一堂课里完全展现是不可能的，所以系列课就成为必要。因此我把《傅雷家书》分解成五个专题课完成。其次，整本书阅读要聚焦。破下的“零”还要能够再整合起来，聚焦于一点。在《傅雷家书》中我选择了一个点——“读《傅雷家书》，渡青春河流，选择前辈思想的烛光照亮我们夜行的路”，目标清晰明确。最后，整本书阅读要跟读者产生关系才更有意义。整本书阅读一定要与每一个“我”相联，因此五个专题每个点都在帮助学生寻找契机完成青春河流的跨渡，然后五个部分又合力产生一个多维的视角来提升学生综合的能力。当然，完成这个目标需要教师有体察文本和学情的敏感力，我也是处于初步探求的阶段。

王　君：春霞“一书多讲”，就是一种“死磕”精神，一种“死磕”智慧。我读《苏东坡传》发现，苏东坡年轻时候读书，就经常这样“折磨”自己。每次精读，都给自己设定不同的小专题目标，然后，在反复的“回读”中，不断地去开拓新的研究领域。一次又一次的“小聚焦”让苏东坡读经典比一般人读得深，读得宽，读得厚。这样“死磕”下来一本，就成了一本书的专家，成了多个领域的专家。优秀就是这样锤炼出来的。我知道大家平时也多有尝试，头脑中是有“一书多讲”的萌芽的，但难的是把思维的“萌芽”呵护成长为思维的大树。大家现在规划一下，你特别爱的一本经典，如果让你“一书多讲”，你可以找到多少角度呢？

胡金辉：我以三种思路设计《钢铁是怎样炼成的》。第一种思路，设计写作型文本教学，整合书中精彩的环境描写，思考这些描写对人物塑造的作用，学写环境。第二种思路，设计主题型文本教学，整合文中写保尔三次爱情的内容，探讨这三次爱情对于保尔的意义，思考什么样的爱情最值得我们追求。第三种思路，诵读型文本与主题型文本相结合，整合保尔在多次生死关头的心路历程，思考苦难的意义，探索生命真谛，以此激发学生面对绝境时的内在能量。

陈　荔：我上《儒林外史》从三个方面聚焦取点。一是聚焦讽刺手法，取点范进和严监生的描写，引出讽刺手法对人物描写的运用；二是聚焦人生定位，取点王冕、匡超人的人生对比，结合2020年全国高考卷三的作文考题，启发学生对人生如何进行初步定位；三是聚焦社会负面环境，取点贪官的典型汤奉、王惠，引出社会环境对人的影响和改变，启发学生如何看待身边的社会环境及影响。通过上述聚焦取点，让学生在阅读经典中发现自我、治愈自我、成长自我。

何培培："一书多读"，重在聚焦和选点，《骆驼祥子》可以"三读"。一读，厘清故事脉络，探寻造成祥子悲剧的主要原因，进行主题型文本解读。二读，侧重语言品析，《骆驼祥子》的语言平易，多用口语，活泼自然，引导学生体会其特点，进行语用型文本解读。三读，捕捉闪回，结合小说中重复出现的场景、画面，体会环境描写的作用，感受情与景的融合，并引导学生通过环境描写来表现人物心情，进行写作型文本研读。

苏　丽：我上《西游记》，围绕以下四个主题来推进：第一个主题是"成长"，即研读孙悟空的成长经历，思考悟空的成长带给我们的启示；第二个主题是"磨难"，即研读取经路上的九九八十一难，感悟苦难即修行的生活真谛；第三个主题是"弱点"，深入剖析师徒四人身上的弱点，学会接纳不完美的自己与他人；第四个主题是“紧箍”，聚集相关章节，体会约束与自由的相对关系，当一颗心学会了自我约束，紧箍自然不复存在。

吴凤云：我用三个专题对《水浒传》进行“一书多读”。一是“读《水浒传》，论英雄”，设计成写作型文本，通过给英雄写颁奖词、用诗歌给英雄画像等形式，带领学生走近书中人物。二是“读《水浒传》，思侠义”，设计成思辨型文本，通过辩论李逵等人是不是真英雄，引导学生对书中血腥暴力的情节进行思辨。三是“读《水浒传》，品语言”，设计成语用型文本，聚焦书中的方言俚语对塑造人物的作用，通过积累、模仿、表演等形式，体会本书口语化特点。

王　君：谢谢大家。春霞老师主要是从主题型文本的角度来进行系列研究的，大家的课型更丰富。这是优点。不过我也注意到了，要像春霞一样做到“一书五构”，大部分老师还是吃力的。春霞特别值得我们学习的地方就在于她在主动进行思维的系列化训练。她提出的三个意识我也很欣赏：第一要“破整”，第二要“聚焦”，第三要“联结”。这样“深耕”一本书，主动地去进行“同书异构”，对自己的教研是强有力的促进，对学生的阅读是非常好的示范。这种治学方法，也最容易出成果。除了春霞之外，我们工作室还有其他的老师也在朝这个方向努力。下一期，我继续给大家推荐。

第九期

努力追求个体“同书异构”，促进生命经验再创造

本期研讨者：青春语文名师工作室成员

王　君　吴凤云　郑燕璇　丁慧真

杨　青　雷　娟　杨军宗

一

王　君：上一期工作室的教研，我们以春霞老师从多角度开发《傅雷家书》为例，让大家看到了教师个体“同书异构”的可能性以及由此带来的教师教研生活和学生成长的积极状态。春霞老师借助于整本书阅读教学探索，主动进行思维的系列化训练，她提出的三个意识我非常欣赏：第一要“破整”，第二要“聚焦”，第三要“联结”。今天要在教研活动中亮相的，是我们青春语文名师工作室的《论语》研究团队。这个团队实现了教师个人和团队两个不同层面的“同书异构”。在一个教研周期内，团队共同研究一本书，是一种新型的“合作式教研”。我们选择这样的教研方式，目的就是要经由一个“着力点”，让大家的生命经验、阅读经验互相碰撞、互相启发，绽放出各自的光彩，诞生出既独立自主，又互相呼应、成全的教研成果。先请团队负责人郑燕璇老师整体介绍一下。

郑燕璇：我们团队聚焦孔子的个人生命经验，开发了十二节《论语》整本书阅读教学课程。去除圣人的光环、政治家的标签，从他作为生命个体、作为普通人的角度来解读，读他生命中的喜怒哀乐，读他在困境中的人性光辉，使自我的生命经验在经典著作的感召下，获得新的洗礼。十二节课程分三期，主题如下表所示：

表9-1　三期《论语》课程主题展示

序号	期数	姓名	主题
1	第一期主题：走近一个更真实生动的孔子	郑燕璇	孔子的孤独与超越
2		丁慧真	孔子的养生观
3		杨军宗	孔子的尴尬
4		李庆华	孔子的感冒
5	第二期主题：孔子的智慧与深情	杨青	孔子的说话艺术
6		郑燕璇	孔子的弹性人格
7		丁慧真	孔子的生死观
8		刘彦	孔子的深情
9	第三期主题：孔子的幸福与诗	雷娟	修炼幸福，掌控人生——跟孔子学幸福术
10		杨军宗	尬聊难免，诗意翩翩——孔子的苟且和诗
11		郑燕璇	舒展自我，开阔人生——孔子的真我
12		刘红枚	极深研几处，柳暗花明时——整本书研读方法指导

王　君：教师的名著阅读和名著教学，对学生的名著研读是最好的示范。阅读的最大意义在于，在阅读过程中，阅读者的自我经验被经典激活，形成了新的思想创造。从这个意义上来说，教师个体追求“同书异构”，就是促进自我经验的多维度再生长，促进生命经验的多维度再创造，这不仅是自我疗愈，也是一种力度很大的专业知识的再建构。在我们的《论语》团队中，成果最丰富的是郑燕璇老师，也最集中地体现了“生命经验再创造”这个目标。请郑燕璇老师向大家介绍一下她的成果。

课例一　孔子的孤独与超越

一、对孤独的感知（孔子的三层孤独）

1.填写孔子档案。

通过填表格，了解孔子早年丧父，青年丧母，晚年丧妻、丧子、丧失最爱弟子，他没有沉沦于痛苦中，而是从苍凉的人世中体会到生之可贵，而越发将有生之年投身到对理想的追求当中去。

2.根据材料给孔子的孤独进行分类，看看孔子的孤独来源。

材料一：卫灵公问陈于孔子。孔子对曰："俎豆之事，则尝闻之矣；军旅之事，未之学也。"明日遂行。

材料二：子贡非常能干，于是有人认为孔子不及子贡。子贡这样回答："譬之宫墙，赐之墙也及肩，窥见室家之好。夫子之墙数仞，不得其门而入，不见宗庙之美、百官之富。得其门者或寡矣。夫子之云不亦宜乎！"

总结出孔子孤独的来源有：亲朋离世的孤独、仕途挫败的孤独、思想高超的孤独等。

二、对孤独的思辨

思辨1：子贡就曾劝告孔子："夫子之道至大，故天下莫能容夫子，夫子盖少贬焉？"如何处理理想高超和众人接受之间的关系？

（1）让学生猜想孔子如何回答子贡。

（2）出示孔子的回答，理解一个思想家对理想的坚守和对民众的引导。

思辨2：孔子如果选择了被大众接受而降低、放弃理想，他就不孤独了吗？

拓展：

我们生命的根本动力是成为自己。——武志红

请学生结合拓展来谈思考。

教师明确：孔子如果选择了为当时流俗所接受而放弃了自己，他就会更孤独。因为一个放弃自己的人，一个没有活出自己的人，他一辈子都被压抑着。孔子有自己的追求，他内心是有活力的，他满足了自我实现的需要。

三、对孤独的超越

既然孤独客观存在，那如何在孤独中创造出价值来呢？

我们来看孔子的做法：

“学而时习之，不亦说乎？有朋自远方来，不亦乐乎？人不知而不愠，不亦君子乎？”

“默而识之，学而不厌，诲人不倦，何有于我哉！”

“其为人也，发愤忘食，乐以忘忧，不知老之将至。”

“不患无位，患所以立；不患莫己知，求为可知也。”

“德不孤，必有邻。”

“自行束脩以上，吾未尝无诲焉。”

孔子如何超越孤独：用仁德之善来修炼自己，用学习之乐来激活生命，用广收学生来创造新的人际关系。孔子进而问政，退可求道，这种多维化的生存方式让他在进退之间都有足够的空间和自由。

让学生自行选择其中的一句或几句来展开阐述，写成一篇小文章。

课例二　孔子的弹性人格

一、孔子的弹性

（一）教育上的弹性

出示《论语·先进第十一》，冉有和子路问“闻斯行诸”，孔子给出了截然不同的回答，使学生明确孔子在教育上的弹性：冉有比较退缩，所以要使他前进；子路比较激进，所以要使他收敛。

（二）生活上的弹性

出示《乡党篇》中的几章：

食不厌精，脍不厌细。

食不言，寝不语。

席不正，不坐。

从这几章可看出孔子在生活方式上极其讲究，注重生活细节。

再出示：**子之燕居，申申如也，夭夭如也。**

这句话是说，孔子在闲居的时候很放松舒展，毫无紧绷之感。

生活方式上很讲究，心态上又极其放松舒展，两者相反相成，这是孔子在生活上的弹性。

二、弹性背后的思维与价值观

孔子的弹性其实就是中庸思想的体现。

（一）什么是中庸呢？

出示《孔子家语·三恕》：

子曰：“吾闻宥坐之器，虚则欹，中则正，满则覆，明君以为至诫，故常置之于坐侧。”顾谓弟子曰：“试注水焉。”乃注之水，中则正，满则覆。

孔子借这个宥坐之器向他的弟子传达什么道理呢？凡事适中，才能很好地在这个世界中立足，过分了或不及都会导致倾覆。中庸就是凡事做到不偏不倚，恰到好处以保持平衡。

（二）如何做到中庸？

1.凡事折中主义是不是就是做到了中庸呢？凡事差不多是不是就是做到了中庸呢？

举生活中的例子和胡适的《差不多先生传》片段让学生理解。

师明确：凡事折中和差不多主义，都不是中庸思想的体现。

2.怎样做才是中庸？

（1）符合具体问题具体分析原则

以秤砣为例：秤砣放在什么位置能使秤杆保持平衡，这要看所称东西的轻重，一切视具体情况而定。由此明确：对待事情用什么态度、方法，没有绝对的标准，要具体问题具体分析，这就是一种弹性。

出示：

子绝四：毋意，毋必，毋固，毋我。

孔子坚持“毋必”和“毋固”，这说明孔子坚持弹性。他用一种运动发展的眼光来看待世界，这也是孔子思维方式的先进之处。

（2）符合适度原则

出示：

子贡问：“师与商也孰贤？”子曰：“师也过，商也不及。”曰：“然则师愈与？”子曰：“过犹不及。”

师明确：通过这些我们可以看出，孔子很重视适度原则，做事情要做到刚刚好，恰当的才是正确的。

（3）符合义理的原则

材料1：**乾隆出巨资让和珅给太后修万福楼祝寿，群臣都认为太过**

奢侈了。乾隆命令停止工程。但和珅并没有像其他朝臣一样听命停工，而是号召各级官员捐款，说是给太后祝寿，各地官员积极响应，自然修楼的钱款就有了。

师明确：和珅虽然办事灵活有弹性，可是他溜须拍马，做这一切是出于利的原则，和孔子提倡的中庸之道是两码事。

材料2：相传孔子经过卫国蒲城时，被卫国贵族公叔氏叛军扣留，幸有弟子保护，蒲城叛军威胁孔子，要求孔子只要发誓不去卫国就放人。孔子发誓后，出了东门就奔卫国而去。他说："被威胁做出的誓言不算数。"

师明确：孔子认为被威胁做出的誓言不算数，因为遵守符合义理的诺言，这是一种美德，但死守不符合义理的诺言，这便是一种恶行了。这体现了孔子辩证的思维方式：事物是相互对立的、矛盾的，但在一定条件下，矛盾双方可以互相转换。

总结：

子曰："君子喻于义，小人喻于利。"

子曰："君子之于天下也，无适也，无莫也，义之与比。"

有子曰："礼之用，和为贵。先王之道，斯为美。小大由之，有所不行。知和而和，不以礼节之，亦不可行也。"

这三章内容说明了中庸之道要讲究义理，如果纯粹为恰当而求恰当，而不用义理来加以节制，那也是不可行的。

因此中庸之道的第三个要求是要符合义理的原则。

总结：孔子的中庸之道，并不是一种圆滑的生存之道，而是一种融合了科学的方法论、辩证的思维方式、高尚价值观的高阶思想，对于我们今天的生活有指导作用。希望我们可以从中汲取智慧，使生活更游刃有余、自由轻松。

课例三 舒展自我，开阔人生——孔子的真我

一、导入

“孔子为儿嬉戏，常陈俎豆，设礼容。”

他小时候常摆列祭器，练习磕头行礼，他童年的玩法就与众不同，即使被其他小孩嘲笑也仍坚持。可见孔子小时候就能追随自己的兴趣，这是活出真我的雏形。

二、何谓真我

按照自己的意志和感觉去生活、创造的人，就是活出了真我。

——某心理学家

三、孔子的真我

（一）在财富观上的舒展，尊重人性

子曰：“富而可求也，虽执鞭之士，吾亦为之。如不可求，从吾所好。”

子曰：“富与贵，是人之所欲也，不以其道得之，不处也。贫与贱，是人之所恶也，不以其道得之，不去也。”

师明确：从以上两则可看出，孔子对于财富的态度很人性化，承认人对财富的追求和对贫贱的厌恶。他在财富的观念上很舒展，不压抑对财富的需要，当然他提倡的是“取之有道”的财富观。

拓展：

出示《吕氏春秋》中“子贡赎人”和“子路受牛”的故事。

学生思考：为什么孔子反对子贡赎人不领补偿金，而赞成子路救人受牛呢？

师明确：子贡自己出钱赎人，提高了做好事的成本，会打击别人

做好事的积极性。而子路救人受牛，鼓励了人们去救落水者。孔子知道人性有趋利避害的一面，他尊重人性、人情，对人并不高尚的一面予以接纳，并想办法引导人们义利相结合。

（二）在立场表达上的舒展，尊重自我

展示：

（1）“乡愿，德之贼也。”

（2）“唯仁者能好人，能恶人。”

（3）子贡问曰：“乡人皆好之，何如？”子曰：“未可也。”“乡人皆恶之，何如？”子曰：“未可也。不如乡人之善者好之，其不善者恶之。”

孔子喜欢明确地表达自我的立场，别人因此喜之恶之，他坦然接纳。

（4）颜渊死，颜路请子之车以为之椁。子曰：“才不才，亦各言其子也。鲤也死，有棺而无椁，吾不徒行以为之椁。以吾从大夫之后，不可徒行也。”

师明确：表面上看，孔子挺无情的，颜路让孔子以车设椁，而这一请求不合礼，孔子拒绝了。从这也可看出孔子尊重自我，在表达主张上，态度鲜明。

（三）在人生选择上的舒展，尊重个性

展示：

（1）“不降其志，不辱其身，伯夷、叔齐与！”——《论语·微子篇》

（2）子贡曰：“管仲非仁者与？桓公杀公子纠，不能死，又相之。”子曰：“管仲相桓公，霸诸侯，一匡天下，民到于今受其赐。微管仲，吾其被发左衽矣。岂若匹夫匹妇之为谅也，自经于沟渎而莫之知

也。”——《论语·宪问篇》

思考：孔子称赞坚守气节的伯夷、叔齐，同时也赞赏不守小节的管仲，孔子是不是有双重标准、缺乏立场呢？

师明确：伯夷、叔齐为守节耻食周粟。孔子称赞他们有节气，而管仲不守小节，易主而佐，孔子也称赞他能为民谋福，他们各自有成就仁德的方式。孔子并无规定成仁必须怎么做，而是追随自己的内心，用自己的方式去成仁，这就是孔子在人生选择上的舒展。

总结：孔子在财富观上、在立场表达上、在人生选择上都很舒展，不偏执不拘泥不压抑，这就是表达真我的体现。

四、如何表达真我

出示材料，请评价一下刘伶放荡不羁的真我。

刘伶恒纵酒放达，或脱衣裸形在屋中。人见讥之，伶曰：“我以天地为栋宇，屋室为裈衣。诸君何为入我裈中？”——《世说新语》

师明确：名士刘伶放荡不羁，一点儿也不压抑自己，但对真我的表达缺乏分寸和体面，使人难以接受。

因此，一个恰当表达真我的人，不仅意味着不压抑自己，释放能量，还包含创造意义和价值，这才是表达真我的重要方法。

总结：儒家讲各种社会规范、伦理道德，但孔子的本意并不是要压抑人性、压抑人的需要，相反，他主张的是舒展人内心的想法，并用合宜的方法去表达、引导、升华，他甚至认为人性是向善的，追求仁德是人最高的需要，儒字是由“亻”和“需”构成的，人、需为儒，把仁德的实现当成人最高需要的满足，这就是对孔子真我的最好解释。

王　君：我们今天的话题是经由个体名著阅读的“同书异构”，实现“生命经验的再创造”。从这个角度出发，请大家谈谈燕璇的成果带给大家哪些启示。

丁慧真：燕璇老师善于提炼孔子的智慧，从孔子的孤独中发现多维化生存的超越之法，从孔子的弹性中理解其背后中庸的义理，从孔子的真我中体悟到孔子的舒展来自尊重人性、疏导人性。这些解读经由深思和辨析易进入个体生命经验。

杨　青：燕璇老师的设计由浅入深，先选文，继而识人，进而上升到心灵的层次。同时，还融入了心理学、哲学、历史等学科的知识，注重对学生探究和思辨的能力的培养。不仅提高了学生的核心素养，也实现了对学生心灵的重塑。

雷　娟：燕璇老师研读《论语》，在读经典的同时，把经典和个人的生活体验结合在一起，生发出独特的阅读视角。三节课从三个不同的角度读出了不一样的《论语》、不一样的孔子。切入点小，抓手好，关注学生的认知，有层次，有梯度。

杨军宗：燕璇老师通过灵性而接地气的解读，读透、体悟了孔子的孤独、弹性和真我，读出了自我的生命经验，打通了教法和活法。

吴凤云：燕璇老师采用小专题探究的形式，带领学生理解、思辨孔子的孤独与超越、弹性、真我，既对学生进行了立德树人教育，又落实了核心素养中文化的理解与传承，这样的整本书阅读一定会成为学生独特的生命经验。

王　君：之所以提“生命经验再创造”，是因为“自我的生命经验”是切近的，有自我的生命体温的，弥足珍贵，但一般来说，也会有很大的局限性——自我遮蔽和自我麻痹的产生是不以个体的意志为转移的。而经典名著的“生命经验”要能够为教师和学生所吸收，则需要被发现，被提炼，被整合，被外显，被吸收，最后才能被个体内化。这个过程，就是我们教师“心动—选点—聚焦—研究—教学”的过程。老师们的《论语》研究，也各自从自己的“生命经验”出发，实现了与经典融合再创造的过程。请大家简单介绍自己已经有的《论语》课例，更为重要的是，思考如何从1到N建构自己的《论语》系列课程，形成一个系列的“生命经验再创造”。

丁慧真：我宣讲了两个《论语》课例，“孔子的养生观”和“孔子的生死观”。研读孔子养生，从“八不食”、要节制、养德三个层次学习孔子的养生之道，然后深入思考：孔子养生的目的是什么？为了“养其身以有为”，就像鸟儿爱惜自己的羽毛，是为了更好地飞翔。研读孔子生死观，能看到孔子在更关注生命存在的同时，是否实现了自己的使命和价值。

这些研读从关注孔子行为习惯始，以体悟思想内涵为终，表明了行为习惯是外在，而其使命担当、价值追求是内在。循着这个脉络发现，《论语》中诸如孝悌（如何和亲人相处）、诚信（如何和他人联结）、学习（如何向古人择善）、君子不器（如何和世界互动）、诗礼乐（如何调和自己）等都值得研读。这些内容经由师生体悟，让个体生命在经典和现实的联结中得到修习。

杨　青：我宣讲的是“孔子的说话艺术”。在这个世界上，没有人是一座孤岛，而说话无时无刻不在发生。但是学生在人际交往中普遍存在着不在乎别人的感受、用情绪说话等问题，如何解决这些问题呢？让我们到《论语》中学习孔子的说话艺术。

首先，追本溯源，探究孔子的说话艺术；其次，拾级而上，分析祥林嫂、贾政缺少的语言艺术并尝试改进；接着，深度思辨，设想祥林嫂、贾政拥有好的说话艺术是否就可以拥有美好的人生；最后，深入探究说话艺术背后的孔子形象，从而得出“一个人的内在世界才是他真正的江山”的结论。提高说话艺术的水平，从加强自身修行开始。学生在成长的过程中，除了说话艺术需要加强之外，有时还需要面对一些问题，如与父母、同学之间的矛盾，理想和现实的差距，如何求学等。我们可以研读《论语》形成自己的课程，带着学生突破《论语》的外壳，从中汲取智慧的浆液。同时，我们可以对孔子及其弟子的言行举止和人格进行研究，见贤思齐，获得更多的人生智慧和生命体验。

雷　娟：我宣讲的是“修炼幸福，掌控人生——跟孔子学幸福术”。现代生活中人的压力越来越大，不仅成年人有压力，学生也有。如何帮助学生摆脱烦恼、找到快乐，在复杂纷乱的世界安置自己的心灵？研读《论语》，或许可以找到答案。

梳理孔子的人生经历中让学生思考什么是幸福，借用《哈佛大学幸福课》中的幸福定义让学生理解幸福的内涵。研读《论语》相关章节，让学生了解孔子的价值观，如孔子对快乐的认知、孔子的担忧、孔子对人对事的态度、孔子的精神世界。进而提出幸福的四个层次，明确我们每个人都有一份重要的责任——让自己更幸福，幸福是可以追求的！

当被苦难、困惑环绕时，人的思想渴望觉醒，读《论语》是一个不错的选择。它之所以是经典，是因为孔子经历的很多事情我们依然经历着，例如遭人诽谤、被他人误解、失去至亲挚友、理想无法实现、如何在理想和现实中做出抉择等。这些内容都可以单独梳理，形成小的课例，在研读中改变师生的思维习惯，提升个人的生命体验。

杨军宗：我探讨的两个《论语》课例，聚焦在“孔子的尴尬”与“孔子的苟且和诗”上。

先谈“孔子的尴尬”。从客观现实来说，人生处处皆有尴尬，圣人孔子也无处可逃。与常人的尴尬不同，孔子最大的尴尬是一直在被权威误读。分析诸多误读的目的是，还原孔子用嬉笑怒骂来反映现实世界的平民思维，构建更切近孔子真实的情感、思想和智慧的灵性解读，与孔子唠唠嗑，启发学生运用生命经验进行思考。

再谈“孔子的苟且和诗”。“尴尬”和“苟且”属于现实空间，而“诗”从精神上可视为虚拟空间。孔子把周代3000多首古诗进行群文阅读，结合自己的生命经验，智慧地提炼整合成了305首。用虚拟空间来让现实以更纯净的方式体现出来，使自己的“思无邪”更灵性、更纯粹，同时从现实生活中发现和挖掘诗意，实现对苟且的超越，从而抵达心灵自由的远方。

下一步，我准备对孔子在《论语》中体现的高蹈的贵族精神，做进一步的聚焦、提炼和归类，形成培养学生成为精神贵族的系列思辨型课程。

吴凤云：俗话说，半部《论语》治天下。《论语》是中华传统文化的源头，是一笔丰厚的文化宝藏。几位老师从不同角度进行“开采”，同书异构，形成序列，使这部儒家经典成为学生成长取之不竭的资源。不管是燕璇老师的超越孤独、领会人格弹性、保持真我，还是慧真老师的养生之道，杨青老师的说话艺术，雷娟老师的学习幸福术，杨军宗老师的聚焦孔子的“尴尬”“苟且和诗”，都是在帮助学生打通读法与活法，为学生铺设一条经由语文学习走向生命幸福的通道。

几位老师在关注学情的基础上，把自己的生命经验与经典内涵相融合，选点聚焦，不断深挖，有梯度地进行再创造，一书多教，既保证了经典阅读的教育价值最大化，又使《论语》中优秀的传统文化不致断流。可以说，几位老师都有课程开发者的眼光与魄力，知道挖掘该经典独有的文化价值与教育价值，并按照教育规律开展有序列的教学，为一线老师的名著阅读教学提供了很好的范例。

王　君：努力追求个体“同书异构”，促进生命经验再创造，这是教研的境界，也是成长的境界。我们探索的其实是如何激活自己的生命经验潜能的问题。我们最终收获的，不仅是教研成果，更是“看见”自己内在的力量。下一期，我们继续从这个角度进入，一边继续研究整本书阅读教学，一边研究我们自己的精神成长。

第十期

基于个体“同书异构”建设语文教师精神家园

本期研讨者：青春语文名师工作室成员

王　君　司艳平　吴凤云　张爱林

李亚平　邓　颖　孔祥华

一

王　君：这几期，我们都聚焦在教师个体整本书阅读教学的“同书异构”这个话题上。整本书阅读教学对于每一个教师而言，都是在攀山，都是在开路。这座山攀上去了，这条路开出来了，我们自己的生命潜能就自然被激活了。最后我们收获的不仅是优质的课堂教学，优秀的教研成果，更为关键的是，我们“看见”了自己内在的力量。所以，研究整本书阅读教学，不仅是研究文本特质与学生需求，也是研究我们自己的精神成长，研究我们如何经由教学建设好我们自己的精神家园。

王　君：本期我们研究的对象是司艳平老师，她选了初中阶段“珠穆朗玛峰”式的名著——《儒林外史》。我一直是艳平攀登的欣赏者和助力者：给她定目标，为她搭平台，帮她校正方向，为她加油喝彩。到今天，我们的艳平老师可以小小地骄傲一下了。《儒林外史》的教学高峰，她的确是上去过了。在这座山上，她拥有了自己的又一个精神家园。这个家园，一是关乎引领学生，二是关乎自我发现。读法和活法、教法和活法，都在这次攀登中，实现了相当完美的打通融合。我们先听艳平老师从整体上介绍一下她的成果。

司艳平：《儒林外史》人物众多、事件众多、头绪众多、阶层众多、关系众多，没有贯穿全书的主要人物与主要情节，加之吴敬梓先生文笔节省、空间浓缩、时间跳跃，学生的阅读难度陡增。面对艰深的整本书，可以依据化整为零、统筹规划的总策略，经由宏观检视、中观分析、微观思辨的实施路径，打通教法与读法，帮助学生建立阅读整本书的桥梁，实现古今勾连，挖掘《儒林外史》的现实意义，从而提升学生阅读《儒林外史》的真诚度。

王君老师说，我们要做好整本书阅读推广的“经纪人”。如何做呢？需上层建构，更需付诸实践。我先从解读《儒林外史》入手，用较为通俗的语言讲述人物故事，思考吴敬梓塑造该人物的价值意义，力图建立阅读代入感，将学生“拽”入《儒林外史》的世界。目前我开发的课程有七讲：“检视阅读‘破’儒林”“首尾相连感初心”“‘破毡帽’的象喻人生”“压死人的‘头衔’”“是谁造成了严监生的人生悲剧”“精致的利己主义者是怎样炼成的？”“你喜欢‘铁憨憨’杜少卿吗？”。这些课程将解读与微课相结合，每一讲梳理一个人物或深研一个主题。解读语言力求现代化、流行化，甚至植入网络语言，目的是要学生在轻松的氛围里听书、看书。这些课程的开发，参考了李汉秋、张国风、周月亮的《儒林外史鉴赏辞典》、艾德勒和范多伦的《如何阅读一本书》、维克多·弗兰克尔的《活出生命的意义》等。微课设计与创新解读密切相连，如果教学时间充裕，教师可参考授课；如果教学时间紧张，可直接让学生听课观课，效果也很明显。

王　君：艳平老师已经在语文湿地教师成长学院开课，她的《儒林外史》系列课程站位高、立意新，既有解读，又有实操，简直就是手把手带你教好《儒林外史》。我请艳平老师从宏观、中观和微观的视角，从她丰富的成果中各取一个小点，供大家借鉴学习。借此，也为自己的整本书阅读教学输入能量。

第一讲：宏观建构——检视阅读“破”儒林

一、教学目标

1.采用检视阅读策略，根据《儒林外史》回目，梳理人物活动环境以及主要事件。

2.运用归类整合方式，将同质人物进行归类，从而化无序阅读为有序阅读。

3.通过不同标准的主话题聊人物初感，为接下来的阅读铺路架桥。

二、教学实施

（一）导入

对于检视阅读，《如何阅读一本书》是这样阐述的："检视阅读是系统化略读的一门艺术。"我将其稍作改动，改为"检视阅读是系统化的略读和粗读，研究目录页，对这本书的基本构架做概括性的理解"。课堂起始，开宗明义，建好抓手，明确概念。

（二）找活动环境

这里的活动环境为人物活动的城市，《儒林外史》与《红楼梦》最大的不同在于，《红楼梦》中人物活动的环境主要集中于贾府，而《儒林外史》则涉及了多个城市。先请同学们寻找《儒林外史》里都涉及了哪些城市，与之对应的是哪些人物。

其实，这正契合"儒林"之含义，人物多，地点多，各个地方的读书人都遭遇了科举制度的荼毒。多才可成群，群才可成林。学生寻找到对应的人物与城市之后，可以借助思维导图来进行总结，让学生在较短时间内厘清人物以及活动环境。

找出活动环境之后，再让学生介绍与人物相关的情节，不求全面，能就一个人物说出一件到两件事即可。然后集思广益，采用人人参与的形式介绍情节，便于学生在较短时间内建立起《儒林外史》的阅读初印象。

（三）聊人物初感

请学生说说最初的阅读感受：《儒林外史》中的众多人物，你最欣赏谁？你最反感谁？最无耻之人、最丑陋之人、最贪婪之人、最迂腐之人、最虚伪之人、最纯厚之人、最侠义之人、最明智之人、最风雅之人、最淡泊之人……可以给学生一系列的直观抓手，以话题为主，让他们在较短的时间内把握人物初感，建立人物初印象。比如最丑陋之人胡屠户与梅玖，动作行为十分可笑，趋炎附势段位较低，明眼人一看就穿；比如最明智之人庄绍光，毅然远离朝廷纷争，却凭借才情悦纳朝廷赏赐，在玄武湖静心著书立说。当然，学生在评判之时，要辅之以恰当适宜的理由。只给支架，不给束缚，让学生根据阅读体验畅所欲言。

（四）给人物归类

我们可以按照种类、等级或品质等给《儒林外史》中的人物归类。归类人物，可以将无序转为有序，可以将无意识转化为有意识。对人物众多的《儒林外史》来说，归类人物势在必行。至于归类的标准，可根据学生的理解来制订或者以教师提供的为参考。

正面真名士形象有王冕、杜少卿、迟衡山、庄绍光；热衷于科举的读书人形象有周进、范进、马二、鲁编修；假名士形象有杨执中、权勿用、景兰江、支剑锋、浦墨卿、赵雪斋等；灵魂卑劣的读书人形象有严贡生、匡超人、牛浦郎等；市井四大奇人有季遐年、王太、盖宽、荆元。此外还可以归类《儒林外史》里的侠士形象、女性形象、兄弟形象、长者形象等，多一个角度就多一层理解，有助于迅速把握整本书的概貌。

归类法是阅读整本书可行的、高效的一种方式。检视阅读以它为抓手，就可以打通整本书的经脉。

（五）总结

通过本次宏观建构，以检视阅读为抓手，整体上俯瞰《儒林外史》，在一种较为轻松自如的读书活动中助力学生了解《儒林外史》的概貌。

第二讲：中观分析——“破毡帽”的象喻人生

一、教学目标

1.理解帽子所代表的阶层、身份、地位及其象征意义，探究吴敬梓写“帽”背后深广的社会现实与思想寄托。

2.领悟客观物象的隐喻色彩，抓住“破毡帽”这个媒介，解开周进、范进二人的生命密码。

二、教学流程

（一）识帽

活动1：周进、范进第一次出场的样子，你们还记得吗？请用语言为他们画像吧！学生表达完之后，可以将二者第一次出场的形象作一比对，比较二人的共同点和不同点。二人出场时均是戴破旧毡帽，均是花白胡须。不同之处在于，范进较之周进，境况更差，极度营养不良，穿的衣服比周进的更破旧，更单薄。

活动2：为什么范进比周进还要落魄，还要衣食无着？请说明理由。此话题不设限，就是让学生拓展思维。然后追问，帽子究竟能代表什么？它象征着什么？为什么《儒林外史》里的众人看人先看帽？为什么吴敬梓先生写人先写帽，且不厌其烦地为出场人物“戴帽”呢？

（二）知帽

在古代，什么样的人戴什么帽子，是极其有讲究的，头戴的帽子直接决定了人物的身份。我们来看看，与周进、范进同时出场的人物都有谁？他们分别戴了怎样的帽子？学生在寻读后，不难发现，夏总甲“歪戴着瓦楞帽，身上青布衣服”，梅玖“头戴新方巾”，王惠“头戴方巾，身穿宝蓝缎直裰，脚下粉底皂靴，三绺髭须”，张乡绅“下了轿进来，头戴纱帽，身穿葵花色圆领，金带、皂靴”。

从毡帽、方巾、纱帽、瓦楞帽的定义着手，去理解什么人戴什么帽子的合理性。毡帽一般是没什么身份和地位的人的首选。周进、范进戴的毡帽已经将他们落魄的经济、不堪的身份暴露无遗。梅玖头戴新方巾说明他是刚刚进了童生，中了秀才。而王惠是举人也戴方巾，是因为举人出身只能做些小官，平步青云的机会较少，所以他第一次出场是头戴方巾。

纱帽是明代官人上班常戴的官帽，年老退休的或者侍奉父母辞闲之官，允许继续戴乌纱帽。所以，张乡绅当属于退休官员。瓦楞帽嘉靖初童生戴之，后民间富者亦戴。夏总甲身为总甲一职，负责税收和徭役工作，收入不错，戴的帽子是瓦楞帽。

由此，让学生思考：帽子实际代表着什么？象征着什么？

总结：帽子象征着身份与地位，象征着尊严与权力，象征着等级与阶层，象征着自信与他信，象征着为之奋斗一生的终极意义。

（三）比帽

周进从一顶破毡帽出场，到头戴乌纱成为周学道退场；与之相似的范进也是如此。这两顶帽子之间有着怎样的天壤之别？吴敬梓先生是如何对比的？请结合具体的情节选择其中的一个人物进行对比阅读。从中发现了什么？

头戴毡帽的周进衣服破旧，食不果腹，被梅玖奚落，替王惠打扫他糟蹋的鸡骨头、鸭翅膀、鱼刺，遭众人嫌弃，失了馆，日食艰难。

头戴乌纱的周进一夜逆转，家乡的亲疏远近全都认亲，申祥甫买鸡买蛋，荀老爹贺礼及时。人还活着，便被薛家集的人们供奉牌位，梅玖叮嘱和尚把十几年前周进写的几个字拿去装裱，俨然把周进视作孔夫子一样的圣人，他设馆教书的地方成为名胜古迹。

昔日挖苦周进不遗余力的梅玖，昔日践踏鄙视周进的申祥甫，都立刻来了一百八十度的大逆转。趋炎附势已然成为众生信奉的价值观与世界观。对不幸者冷嘲热讽，对富贵者阿谀奉承，吴敬梓先生的讽刺之意不言而喻。

（四）辨帽

周进与范进都是从一无所有的毡帽人生，经由参加科举考试，一跃拥有纱帽人生，你觉得这样的纱帽人生值得推崇与效仿吗？说说理由。

周进与范进头戴毡帽，穷尽一生，不问世事，没有正常幸福的家庭生活。周进一辈子没有娶妻，没有子嗣；范进娶了胡屠户的女儿，也是属于那种极其不堪的女子，且没有后代。他们两个虽然在花甲之年终于登第，戴上纱帽，可已然能看见人生尽头，也能看见他们人生观的异化。

他们没有自我，精神贫瘠，甚至连苏轼是谁都不知道。可见，科举制度对他们的腐蚀已经到了何种地步。名字虽为“进”，但吴敬梓却反其意来讽刺，人生何曾步步为进，其实退得一无所有，隐喻科举制度终会走向消亡。

最后总结，小说里的任何一种物都契合着作家的某种思想与寄托，读懂了客观之物，便读懂了主观之思。

第三讲：微观思辨——是谁造成了严监生的人生悲剧

一、教学目标

1.品鉴《儒林外史》里对于严监生的细节描写，客观思辨地认识严监生，为他摘下“吝啬鬼”的帽子。

2.理解严监生精神系统的薄弱以及周围各色人等对他的虎视眈眈，借此探究严监生悲剧的多重诱因。

二、教学实施

（一）导入

说到严监生，最经典的镜头不是他的活，而是他的死，那两根手指头成为《儒林外史》的经典镜头，也让他戴上了几百年不曾被卸下的“吝啬鬼”的帽子。但是，认识一个人，一定要认认真真地去走进他的精神生命。这节课，我们就去探寻严监生的悲剧人生。

（二）悲剧！

活动1：如果要用一种图形来表现严监生的人生轨迹的话，你会选择哪一种？是圆形、抛物线，还是三角形？说说你据此选择的想法，标准不设限。

圆形，昭示着严监生一生都活在自己的精神圆圈里，从来不曾逃出，也不曾觉醒，这个圆不是圆满，而是封闭；抛物线，严监生攒了万贯家私，似乎达到了人生的顶点，没承想人生高开低走；三角形的三个点就像是严贡生、王德和王仁，他的妻和妾，他原想依靠他们能获得稳定性，结果竹篮打水。

活动2：严监生都遇到了哪些人生之悲？中年丧妻为第一悲，自己短寿为第二悲，独子夭折为第三悲，家产被占为第四悲，严监生真是活生生的悲剧啊！

（三）悲剧？

严监生是《儒林外史》中不可多得的暖男，吴敬梓却让他活成了悲剧的模样，你认为在《儒林外史》这部书里，谁要为严监生的悲剧人生买单？

设计这样具有探索性的主话题，目的是要学生梳理严监生的悲剧以及造成他悲剧的客观诱因。

从主观角度来说，首先，严监生活在思维的囚牢里，无法超越，他始终认为贡生比监生高人一等，精神上自矮三分；其次，严监生是十足的悲观主义者，他不忘过去，畏惧将来，事事担心，又顶不住丧妻之痛；最后，严监生是典型的自虐型人格，只有他人，没有自己。他习惯受苦，自我贬低，过分自我牺牲，自己生病，即使有钱也不愿买人参、附子给自己吃。

从客观角度来说，哥哥严贡生恬不知耻，冷酷无情；两位舅爷贪占小财，虚伪势利；老婆王氏勤俭如他，自虐如他；偏房赵氏，精于算计，工于心计。他的周围似乎都是冷冰冰的利益关系者，除去王氏，无人真诚待他。

（四）悲剧……

他最大的人生理想就是将家业守住，但他的个人主义没有为他寻到人生出路，怎样的人生才是有意义的？对比《红岩》里的刘思扬，为了革命抛家舍业，却活得轰轰烈烈，掷地有声。只有名利没有信仰的人终究会得空心病，成为找不到人生出路的空心人。

从18世纪中叶一直到20世纪的五四运动，中国的知识分子一直在寻找社会与个人的出路。对于我们来说，从严监生身上所得到的最大启示就是人活着是要有点信仰的！

王　君：请大家畅所欲言。核心词是“精神家园”——整本书阅读教学与教师精神家园的建设。人是生理的、心理的和伦理的存在，人的物质生活、精神生活和社会生活，人的“幸福”和“梦想”，都离不开人的“精神家园”。作为语文教师，我们的精神家园奠基于我们热爱的教学文本，形成于我们探索的教学历程。结晶是什么呢？是在高品位的文本探索和文本驾驭中渐渐明晰，并形成的极有力量的世界观、人生观和价值观。从这个角度开掘，艳平的成果的意义才会凸显。

吴凤云：一堂语文课的价值追求必然与这堂课执教者的精神世界高度融合，艳平的课堂很好地证明了这一点。在这三节阅读课中，她透过经典看人生，指导学生通过检视阅读给“儒林”人物分类，实则在引导学生对人生追求进行判断和选择；她又透过人生看经典，通过聚焦“破毡帽”和“严监生”告诉学生：精神贫瘠和没有信仰的人生是不幸福的人生。这样的解读和设计是她自己精神家园的折射，也是她对学生精神家园的建设。

张爱林：艳平自带智慧三面镜，抽丝剥茧识人性。一带望远镜，宏观甄选人物群像，设计话题，归类整合，师生共聊。二带放大镜，中观聚焦特型人物，细察物象隐喻底色，辨帽观手，求同比异，师生共解生命密码。三带显微镜，微观提供技术支撑，画图设喻，多元思辨，连接学生生活世界。原来重建精神家园的过程就是在探究溯源中走向精神远方的过程，就是助自己助学生找到信仰的过程。

李亚平：整本书阅读教学首先是教师自己重建精神家园的过程。名著阅读，教师要自己先踏上一条孤独之旅。我们看到，课堂经由宏观建构到中观聚焦再到微观思辨的多重思维训练，彰显了更加正确自信的三观。如中观聚焦环节，先“引”——“识帽”问问题；再“入”——“知帽”解含义；继“进”——“比帽”明本质；终“出”——“辨帽”悟进退，到达精神高地。在这个过程中，教师的思想认识由肤浅走向深刻，由单薄走向浑厚，由书本通向了生活。

邓　颖：艳平老师的课让我想到了“回家”一词。她着眼人物，让散落在作品中形形色色的儒林弟子“回家”，回到特定时代环境，让他们所背负的个人标签和他人评价有了现实依托。艳平老师也让学生“回家”，不仅回到语文之家、文学之家，也经由经典作品中的典型形象了解普遍人性，从而在艺术化的折射中遇见自我、省察自我。同时，艳平老师通过宏观建构、中观分析和微观思辨搭建属于自己的精神家园，成为作者的知音、作品的“经纪人”、学生思维的启迪者。

孔祥华：《儒林外史》整本书难读、难驾驭、难聚焦、难突破，对备课能力、文本驾驭能力、解读能力有更高要求。司老师教学大处着眼“检视阅读‘破’儒林”，小处着手“破毡帽”的象喻人生，实处着力“是谁造成了严监生的人生悲剧”，阅读策略从面到点，阅读设计呈现梯度。“可以镜人，可以自镜”，教师也会经由教学和读书的引领，实现自我修炼、自我疗愈，找到自己的精神家园。

王君：艳平确实让我们佩服。思想厚重的经典，关键在于举重若轻的阅读体验和举轻若重的阅读策略。破解经典人物的精神系统、生命密码，并且进行反思重建，在多重思维构建中指导我们的人生或规避我们的人性弱点。这个过程，就是我们的精神家园的再建设。大家再碰撞一下，谈谈自己的整本书阅读教学体验，或者关于你自己的精神家园的建设。

张爱林：我的《儒林外史》阅读设计目前是以专题引领、任务驱动、比较赏析的方式进行的。首先让学生寻找同质或异质人物归类，之后选两个人物比较鉴赏，最后写出专题小论文，要求采用主标题加三个小标题的形式，这样有助于学生从微观角度聚焦思考。但读了艳平的检视策略后，大开眼界，感觉自己在聚焦密度上做得还远远不够。

孔祥华：整本书阅读指向精神家园的重建，指向深阅读深度学习。我以“富贵功名，文人有厄”为立篇之骨。（1）宏观建构：根据内容设计封面，利用序跋、目录等信息画思维导图，思考人物设置的妙处。（2）中观对照：聚焦人物群像中的个性与共性。（3）微观细读：关注重点人物和细节，以局部精读促进整体梳理。（4）重读深思：这本书与自己有何关系？假如你是王冕，你会做不入仕的选择吗？从名著到现实生活，关注阅读盲点和精神成长，以期见自我、见天地、见众生。

邓　颖：艳平老师不是在“肢解”一本书，不是在“剖析”一群人，而是引导学生在他人的故事里回归自己的精神家园。想到自己《红星照耀中国》的整本书阅读教学：先是读序言和目录，宏观了解人物、时间和事件；然后中观选读和跳读，让学生梳理事件的前因后果；再深入阅读，微观思辨，从细致生动的人物描写中感受其精神品质，从冷静理性的叙述中揣摩作者所传递的价值判断；最后是搭建平台，通过手抄报、读书笔记、微信读书群等活动促读，激活自己的家国情怀。

李亚平： 整本书阅读教学要有宏观视野、中观视角和微观视镜。我执教《朝花夕拾》时，宏观上以“侦察范爱农之死”了解救亡图存的时代风云；中观上以“‘狗猫鼠’都象征什么人”来触摸时局之网，了解“女师大风潮”爱国本质和御用文人的丑态；微观上以“鲁迅心中的最爱是什么”探寻鲁迅的精神后花园，理解其理想，共鸣其情怀，敬佩其精神，激发报国之志。

吴凤云： 在教读《简·爱》这本书的时候，我被这个身材矮小、其貌不扬的小女子深深打动。于是设计了一节写作型文本和主题型文本的课：指点写法，开掘路径；教师下水，亲自示范；互评互改，分享交流。我以《小人物的大智大勇》为题写了“下水文”，分别写了简·爱面对逆境、爱情、金钱的大智大勇，并在结尾发出了这样的灵魂呼声：如果我们注定只是一个平凡的小人物，就请做简·爱式的小人物吧，不卑不亢，自尊自强，无忧无惧！在这样的阅读教学中，我重建了自己的精神家园。

王　君： 读法和活法，教法和活法，教育哲学和生命哲学……在整本书阅读教学中去尝试打通，让生命智慧成全教学智慧，让教学智慧又提升生命智慧，这样我们内在的精神家园，就会越来越宏大和富饶。下一期，我们从丰富思维方式的角度切入整本书阅读教学，又是一个新世界呢。

第十一期

探索你的
思维方式

本期研讨者：青春语文名师工作室成员

王　君　杨晶晶　吴凤云　孙秋备

陈建红　张立明　马耀辉

王　君：欢迎大家！这一期，我们要借助“同书异构”的教学研究，探讨一个非常具有现实意义的话题：整本书阅读教学视野下的思维方式探索和建设。“思维方式”现在是一个热词，是近几年来世界范围内的教育研究者都在聚焦研究的领域。大家现在都已经意识到：教育，归根结底还是要培养思维方式，培养世界观、价值观，这些都是对人的成长具有终极意义的东西。学科教学也是一样，完成学科目标与促进人形成更好的思维方式，更健康的世界观、价值观等，并不矛盾。优质的教学，必然是优质的思维方式、优质的价值观的体现。整本书阅读教学，因为教学体量相对巨大，教学内容相对丰富，教学时间相对充分，所以更能够对自我、对学生的思维方式产生重要影响。

王　君：什么是思维方式呢？说得通俗一点，就是我们观察、分析、解决问题的模式化、程式化的“心理结构”。我们现在经常开玩笑说，我们的大脑跟不上时代了，不仅“硬件”得换，“软件”也得换。对此，我是深有感触的。这些年走南闯北，最大的收获就是大脑的“软件”一直在升级换代。所谓进步，就是我们观察问题、分析问题、解决问题的“心理结构”越来越健康和高效了。而思维方式就是我们“大脑软件”的生产方式。洞悉我们自己的思维方式，用更高级的“思维方式”去备课，有培养学生更高级的思维方式的意识和能力，这样的教师，肯定是有跨界能力的教师，肯定是面向未来的“牛师”。

王　君：这两年，我带领着大家进行整本书阅读研究，同时也在有意识地观察大家，我发现，在思维方式的建设方面做得最卓有成效的还是杨晶晶老师。从单文本到群文再到整本书，她开发课例的思维方式非常丰富，她对学生的思维培养也极有成效。思辨型文本教学，她做得最出色。这一次，我想以杨晶晶老师的《简·爱》系列课例为例，引导大家去关注这个领域。先请杨晶晶老师展示一下她的研究成果。篇幅有限，不能完全地展示课堂实录，我就请她概括性地介绍一下她的六个专题。

专题一　作为一件好的武器，仅此而已

为了读懂时代背景，我选择“从维多利亚时代走出的女人们”作为探究《简·爱》的第一个主题。

运用多向思维，我尝试引导学生从不同的方向对那个时代女性的处境进行思考。

从英语的语义、语法、语言形态学角度可见：性别歧视的词汇在《简·爱》英文原著中比比皆是，通过比读同一片段的英文原版和中文译本，一些没有被直接翻译出来的歧视女性的用语突显了出来，维多利亚时代女人的卑微、弱势可见一斑。

从小说中的女性角色角度出发，通过聚焦布兰奇·英格拉姆、乔治亚娜等人物，学生感受到：维多利亚时代的女人理所当然应养成自我否定、克己忘我、抹去诉求的习惯，她们不需要拥有自己的判断力和优胜地位，必须虔诚地敬畏男人，听从男性意志。正如简·爱所说：“他珍视我就像士兵珍视一件好的武器，仅此而已。”

有强权就有反抗，有压制就有觉醒。我把探究角度转向历史：早于作者生活的时代，女性主义已经开始萌芽。

接下来，我尝试不局限于历史、文学，把关注角度转到影视领域。

一部优秀的悬疑影片《神探夏洛克之恐怖新娘》忠实、生动、深入浅出地道出，在维多利亚时代，“刚刚觉醒的女性队伍并不足以支撑整个被压抑数千年的女性阶层”，男性世界更是少有响应、观照女性的觉醒。所以，《简·爱》中甘于成为男人的“贵宾犬”的女性是可以理解、值得同情的。对从属角色进行反叛的简·爱更应得到我们的宽容——或许她的反抗还不够理性、不够彻底，但是，她已经是时代的先驱。

研究的角度多了之后，学生便更透彻地感悟到简·爱为什么真实得可爱、美得惊心。

专题二　高尚的引领涤清天生的戾气

——涤清戾气与自我朝圣（一）

我尝试用“涤清戾气与自我朝圣”来概括简·爱的成长。

简·爱在“自我朝圣”的路上艰难地走着，由感性的焦虑和愤怒趋于理性的成熟，她身上那股与生俱来的戾气慢慢转化为温和、理性的光芒。

简·爱是如何涤清自身的戾气的？为了探究这个问题，我借助了创造性思维中的原点思维，用尼采这句“很少有人发自内心地凭自己的力量被引领导正确道路上，而所有其他人都不得不需要那些伟大的引路人和教师，托庇于他们的保护”作为理解的“原点”，在梳理小说情节时，不断比照这个“原点”，答案迅即出现。

简·爱天生聪慧，才10岁就会像屈原一样澄清思维去剖析、反诘命运的不公。受到里德太太的虐待时，她可以句句精准攻击到对方的软肋。她的早熟早慧、机敏深刻、强攻击性招来里德太太的嫉恨，她决定送走简·爱。对照尼采的名言可知："因为没有谁去引导她把聪明化为一种人生智慧，所以，她的聪明只会为本能服务，让她爆发出强大的戾气和攻击性，进而招祸。"

到洛伍德去是遇见引路人的契机，在那里，她遇见了海伦·彭斯。

聚焦简·爱和海伦·彭斯的对手戏：海伦·彭斯在简·爱的生活里燃起一盏明灯，用温暖的关怀让她收起一身的钢刺，提供肩头让她依靠，用饱含深情的话语打开简·爱的心门，让她不要一味沉溺于怨恨，要抛弃自己的刻薄与恼恨，收敛态度，宽容别人。她的引导让隐忍、善良、淡然、博爱定格在简·爱的灵魂深处，化解了简·爱身上无法自控的戾气。

海伦·彭斯的引导有很强的宗教色彩，为方便学生理解，我用贾谊的《鵩鸟赋》中的内容来注解在认识苦难上她对简·爱的点化。

只有化解了戾气，简·爱才可能拥有清明的理性，越活越漂亮。

专题三　清明的理性提升动机的层次

——涤清戾气与自我朝圣（二）

当我的探究困局限于小说本身而流于俗套时，我开始借助创造性思维中的转向思维，转换到心理学、人本学方向，从动机层次角度来审视简·爱。

动机的层次决定结果的好坏。来自本能的需求、来自情感和尊重的需要，这些外部诱因会让人为了纯粹功利的目的，更注重结果，没有过程和修正的意愿。比如乔治亚娜、布兰奇·英格拉姆。

动机的更高层次是内因自主，是主动寻找对自己命运的掌控权，希望实现自我引导。对小说情节进行分析推理可见，简·爱的动机就停留在这种层面。

高层次的动机将她的行动导向提升内在能量、追求更高精神层面上的满足，给予她无穷的毅力和耐心，避免她分心于比较愉快和容易达到的目标上去。所以，她可以抗拒最原始的诱惑，一次次勇敢地走出“舒适区”，把成长的过程当作目的，不惧怕苦难的洗礼，不苟且于现实的残酷。最终，她成长为一个很文雅又很英勇的人。

但是动机的层次很难稳定，马斯洛认为，在实际生活中，社会环境、文化机制等的影响让人的动机往往呈现出复杂多样、动态性地持续变化等混乱状态。约翰·里德、罗切斯特的不幸可以说都是动机的混乱造成的。那么，如何稳定地提升动机的层次？

简·爱的理智和清醒使她的动机一直停留在高层次阶段，所以，“积极理智是不死的灵魂”，唯有理性可以稳定地提升动机的层次。

专题四　直面苦难转化宿命的悲哀

——涤清戾气与自我朝圣（三）

“自强自立、积极进取”是简·爱形象最重要的特征，这八个字说得太轻易，没有体现人物成长的冲突性、过程性。在这个专题里，我尝试进行了对举。

第一次对举，我把希腊神话里的西西弗斯和简·爱放在一起。

用西西弗斯宿命的悲剧和提香的名画《西西弗斯》激发学生去想

象他的生命在无效无望的折磨中消耗殆尽的过程，让大家深刻感受什么是宿命的苦难。

再通过分析简·爱的经历，得出结论：简·爱背负着和西西弗斯相似的宿命的苦难，但是简·爱最终没有在无望的折磨中消耗尽自己的激情和生命，而是强烈希望通过改变自己，来转化宿命的苦难。

简·爱是如何转化宿命的苦难的？通过对比西西弗斯和俄狄浦斯王对宿命的苦难的反应，我们可以得出的结论是要对宿命的苦难有意识。和俄狄浦斯王相似，简·爱的一系列反抗表明，她具备了“意识到、觉醒于宿命的苦难”这个基本条件。

第二次对举，我把王守仁和简·爱放在一起。以《传习录》中王守仁对“着相”与“不着相”的看法作为切入点，得出成就他的神话的是直面并积极转化苦难的态度和坚持不懈地探究磨难的本质，豁然贯通后，按照“天理”积极行事的行为。

接下来，类比得出，王守仁和简·爱在面对、转化苦难方面非常相似，可以推出王守仁式的转化苦难的勇气和智慧同样表现在简·爱身上。

专题五　德行的光辉升华奋争者的智慧

——涤清戾气与自我朝圣（四）

这是“涤清戾气与自我朝圣”系列研究的最后一个专题。为了启发学生自主形成丰富、高效的思维活动，我介绍了一些实用的思维方法，并借分析奋争者简·爱的幸福之道来教学生如何运用思维方法。

首先，为了解决“涤清戾气、动机层次高、直面苦难、勇敢追求是否就是奋争者简·爱获得幸福的充分必要条件”这个问题，我祭出了破解逻辑难题，成就理性人生的神器——演绎推理。用史书盖棺定论的赫赫有名的奋争者李斯的悲剧启示做大前提，用奋争者简·爱的结局做小前提，可以得出以下否定后件式充分条件假言推理：

【大前提】如果奋争者通过高尚的引领涤清了自身的狭隘，通过清明的理性提升了动机的层次，通过直面人生转化了宿命的苦难，但是却私欲膨胀、丧失德行，他就一定会走向悲剧。

【小前提】奋争者简·爱没有走向悲剧，而是获得了幸福。

【结论】所以，奋争者简·爱通过高尚的引领涤清了自身的狭隘、通过清明的理性提升了动机的层次、通过直面人生转化了宿命的苦难，却没有私欲膨胀、丧失德行。

由此可得简·爱人物形象的新元素——抑制私欲、具备德行。

其次，为了解决“小说最后，简·爱对罗切斯特先生的宽容和宽恕是一种自我牺牲，还是她获得幸福的必备条件”这个问题，我祭出了打开新思路的神器——换元思考。

把简·爱人物形象的新元素“抑制私欲、具备德行”代入到探索她的幸福之道的方程里，通过分析以前忽略的情节，学生深刻认识到：①“侠”之精神整饬了简·爱的内心。②她的“仁恕”思想可以感化周遭，驱散她的痛苦与绝望。③人道主义良心激发了她的潜能，唤回了她的高层次动机、理智、勇气等。

由此可见，具备属于德行范畴的宽容和宽恕是她获得幸福的必备条件。德行的光辉升华了简·爱的智慧，让她最终获得尘世的幸福。

最后，我尝试打通小说和现实生活，用女团成长综艺节目《乘风破浪的姐姐》中姐姐们的奋争经历启发学生去联动思考，加深对“德行能升华奋争者的智慧”的理解。

专题六《简·爱》：一部让人不可思议的文学名著？

《简·爱》也有值得质疑的瑕疵。小说结尾，经历沼泽居的净化后的简·爱居然如逆水行舟，不进反退了。在爱情的召唤下，她心甘情愿地想重回男权主宰的牢笼。但是，在反抗之路上"半途折回"总得找个光明正大的理由，于是作者写了一段夸张的情节，有夸张的剧情做台阶，有同情和怜悯做护身符，简·爱终于可以顺理成章地回归牢笼了。

于是，我提出了疑问和挑战：《简·爱》是史上最夸张的文学名著吗？

运用对立思考，我从反面设立探究话题：在维多利亚时代，文学作品中的女性反叛者的结局如果不夸张，会是怎样的？

通过分析同时代女性作家乔治·艾略特的《弗洛斯河上的磨坊》里的女主角麦琪和艾米莉·勃朗特的《呼啸山庄》中的女主角凯瑟琳，我们发现，维多利亚时代，反抗旧世俗的女性形象大多没有好结局。她们的悲剧源自感性和对爱欲的执着。所以，女性想要摆脱悲剧，必须用清明的理性、高层次的动机去武装自己的头脑。

这个结论恰恰证明了夏洛蒂·勃朗特在"女性的反抗"这个话题上的思考很有深度——简·爱与男权交锋的工具就是理性。

对立思考让我们认识到，推动女性的反抗既需要反例，又需要正例。

作为正例的简·爱更有效地催生了那个时代女性的觉醒和反抗。

那个时代，由于女性反抗话语和反抗蓝图的匮乏，作者只能借夸张的情节向时代适当妥协。

夸张的情节还跟作者的认知局限有关。宗教信仰让她对渗透到宗教中的男权思想不能认识得非常彻底。

通过一系列的分析、取证、推理等建设性的论理方式，我们得出：把《简·爱》评价为最让人不可思议的文学名著太武断了。当我们认识到了女性反抗的孤勇、艰辛，再来看情节的瑕疵，它是多么微不足道。

同时，通过探究这个“瑕疵”，我们深刻认识到：传统习俗对女性的压制不仅左右着整个社会的评判价值，也潜移默化地模糊了女性的自我认知。所以，女性追求真正独立、自由、平等的要害在于每位女性对自我意识的确认。

王　君：读完晶晶老师的课例，大家是不是觉得很惊艳？开发经典，是很冒险、很刺激的。前人的脚印太多了，要走出自己的路，靠什么？其实，就是靠自己优质的思维方式。大家评一评晶晶老师的成果，重心落在她的思维方式上。

吴凤云：《普通高中语文课程标准（2017年版）》推出了“思辨性阅读与表达”学习任务群，旨在培养学生的逻辑思维能力和理性思辨能力。《简·爱》这本书位于统编本教材九年级下册，对学生进入高中学段的学习具有承上启下的作用。晶晶老师以理性的分析和论证为手段引领学生阅读整本书，无疑为学生进入高中学段的学习打好了基础。

马耀辉：“思维的发展与提升”是初中阶段语文核心素养的四维度之一，它承接着“语言的建构与运用”和“审美的鉴赏与创造”，重要性不言而喻。晶晶老师课例中展现出的思维方式，独特而灵动，有效地打开了学生思维的闸门，导引着他们在“涤清戾气与自我朝圣”之旅中拨云见日。创意解读，让简·爱形象更加丰满。

孙秋备：我最鲜明的感受有两点：一是晶晶老师学科教育观先进。在语文核心素养中，“思维的发展与提升”与“语言的建构与运用”紧密相连，如影随形。晶晶老师把思维训练作为打通经典与生活的桥梁，既深入文学经典的内核，也用经典阅读提升了学生思维。二是教师自身思维品质的优秀决定了整本书阅读教学的高度。整本书阅读教学呼唤教师习练创新思维。

陈建红：晶晶老师的思维引领犹如一股清泉从我的心上流过，让我放飞了思想，拓宽了眼界。有了思维这件神器的植入，对《简·爱》的解读就从孤立、单一、线状、静态走向综合、多维、立体、动态。通过层层的思维剖析、梳理、演绎简·爱的成长过程，一个从自卑到自尊再到自信、自强的人物形象便站立在我们面前。

张立明：思维依傍语言，语言表达思维，在阅读教学中获得的思维方法和思维品质，是语文核心素养的体现。晶晶老师能借助创造性思维中的转向思维，将探究转换到心理学、人本学等，并以马斯洛动机理论来审视简·爱，同时在尊重文本的基础上，提供支架，实现思维的联动，从一个思路到另一个思路，卓有成效地完成了对《简·爱》的创新解读。

王　君：请晶晶老师做个总结吧，也从思维方式的角度。

杨晶晶：立足于文本，我尝试引导学生变换多种思维方式和思维方向去探究：从探究时代背景到聚焦主要人物；探究简·爱时，从“涤清戾气”到“自我朝圣”；探究简·爱的“自我朝圣”之路，从动机的层次到转化宿命的方法，再到升华智慧的凭借。就这样从一个思路到另一个思路，从一个线索到另一个线索，从一个意境到另一个意境，有效发展了学生的逻辑思维、创造思维等，使学生的思维更具深刻性、敏捷性、灵活性、独创性。

思维成熟的标志是形成批判性思维，我针对文本“瑕疵”，提出了疑问和挑战。通过建设性的论理，学生做出了比较新颖、周密、深刻的解释和判断，有效发展了学生的辩证思维。创造力多产生于学科交叉和融合，通过打通诸多领域，学生的思维品质得到了有效提升。

王　君：谢谢晶晶老师。“思维”这个领域，概念很多，内容也很繁杂。但我们不要怕，适当了解一些，适当知其然也知其所以然，对提升我们的备课层次是有帮助的。晶晶老师是一个能够突破思维定式的人，她的思维目标，她的运思途径，确实清晰而丰富。在这方面，我们一定要向她学习。思维方式的分类非常多，从思维的属性来看，有抽象思维、形象思维、直觉思维等；从思维的形式来看，有语言思维、数理逻辑思维、空间思维、音乐思维等（加德纳的多元智能理论）。依思维方式的层次，还有人把思维方式分为哲学思维方式、科学思维方式、艺术思维方式等。对我而言，这些年，我发现自己的“形象思维”“语言思维”“艺术思维”相对较强。这也就让我有意识地备一些具备“抽象思维”“数学思维”“科学思维”的课出来，既训练自己，也训练学生。当然，这些是宏观的分类。去年，我们给大家推荐过一本专门讲思维方式的书《思辨与立场》，它旨在从微观上帮助我们优化自己的思维方式，希望大家多去了解这本书。

学习了晶晶老师的课例，也请大家反思一下自己的整本书阅读教学。我们来一次思维风暴吧，请优化你的一个教学设计，着力体现你在思维方式方面的追求。

孙秋备： 我的《朝花夕拾》聊书会以“聊趣事—聊人物—聊温暖”为主要环节展开教学，旨在“消除与经典的隔膜”。学习了杨老师的教学成果，我想可以在《朝花夕拾》导读课中有意识地培养学生的比较思维。作为一本散文集，《朝花夕拾》十篇文章形成“一组有关联的‘点’，构成‘群’”，要在这若干点间建立联系，比较思维不可少。我把设计优化为：①通读分类。说出十个篇目，自主分类并畅谈分类理由。②对举分类。如果分为两大类该怎么分？明晰“爱与怀念”“憎与讽刺”两种情感。③类中比读。比读阿长与藤野先生，明晰“爱”是抵御黑暗、寻找光明的力量。

张立明： 在《骆驼祥子》的整本书阅读教学中，我以任务驱动阅读，要求学生完成三个任务：一是为祥子制作一份个人简历，二是设计祥子的朋友圈并结合名著中出现的人、事、物对朋友圈进行点评，三是画一张思维导图。之后，我以专题探究形式作为有力抓手推进整本书阅读。学习了晶晶老师的这种思辨型文本教学模式后，我会在尊重文本的基础上给学生提供支架，通过“观点+证据”实现思维联动，引导学生结合美国心理学家马斯洛“需求层次理论”的研究，联系祥子已有的生存条件，分析祥子最终的自我实现结果。这样，学生的思维方式会从一个思路转到另一个思路，解读文本的能力得到了训练，思维的联动性也会有所提高。

马耀辉： 教学《红星照耀中国》这部名著时，我设计了“读序言目录，快速走进报告文学”“理路线行程，初步感触艰难处境”“悟作者情感，逐步揭开红旅之谜”三个板块，旨在引导学生通过阅读，感受中国共产党人的崇高理想和信念，传承和弘扬革命传统。晶晶老师的这一导读课例，激活了我的思维，让我看到了之前的设计属于浅显的直线思维，我完全可以引导学生以更丰富的角度来学习这部名著，教得更富有创意一些。比如，以“讲好中国故事”为例，我把教学设计优化为“寻红色足迹，为讲好故事导航”“访伟人生活，为讲好故事奠基”“悟传奇经历，为讲好故事增色”。

陈建红：在设计《昆虫记》阅读教学时，我分为四个板块：一是以核心思维探路，以“语文”命名，通过思维导图，给每种昆虫设计名片；二是以类比思维出招，与“文本”结缘，梳理具有共性的昆虫，给每类昆虫安家，比如具有母性特点的“被管虫”“松毛虫”“条纹蜘蛛”“蜣螂”“舍腰蜂”，勤劳的“舍腰蜂”“被管虫”“蜣螂”等；三是以发散思维提升，与“思考”接轨，深入文本，探求法布尔精神；四是以辩证思维升华，与“生活”相连，谈自我获悟，每一个生命都有其存在的价值，都不应该被忽视，都需要我们去理解。在阅读中汲取人生智慧，让科学的光芒照亮自己。

吴凤云：学习了晶晶老师的思维方式，我对《水浒传》读后交流课“侠义在我心”一课进行了修改。这节课原来的设计是这样的：了解侠义精神内涵—给心中最具侠义精神的英雄颁奖—聚焦李逵重新思考侠义内涵—以诗歌形式表达你对当代该如何传承侠义精神的看法。其中第三个环节具有启发学生批判性思维的目的。但做法还不够深入和理性，所以，我修改成：聚焦李逵，以事实为基础谈谈他是否符合英雄标准—理性地分析李逵滥杀嗜杀的原因—分析论证本书中还有哪些人物言行与新时代的价值观相悖—争鸣：如果你是编者，你会不会把本书选入中学课本。由此，可以更好地培养学生的批判性思维。

王　君：谢谢大家的反思。经由一堂一堂的语文课，得到终极提升的，还有我们自己。思维方式的优化，是优化我们教育人生的重要路径。下一期，我们将向一位乡村教师致敬。经由整本书阅读教学，她实现了存在方式的突围。敬请关注。

第十二期

整本书阅读教学
与乡村教师突围

本期研讨者：青春语文名师工作室成员

王　君　吴凤云　李亚平　孔祥华

李红玲　刘国兰　苏　丽　邓　颖

王　君：老师们，时间真的太快了！不知不觉，今年又要过去了。这一年，可能对于每一个人，都是不寻常的。个人际遇与人类命运或许很久没有像今年这样纠缠撕打了。我可以说，每一个人都过得不容易。但是，依旧还是有不少人交出了相当漂亮的人生答卷。我们工作室的吴凤云老师，这一期的主角，就是这样一位了不起的女教师。我把我们今年专业研讨的最后一个主题确定为“整本书阅读教学与乡村教师突围”，就是想和大家一起继续研讨教研聚焦与生命突围的问题。我们怎么经由我们的职业，经由我们自己对自己的专业塑造，而在生命的层面找寻自己的力量，磨炼自己的才能，提升自己的价值？大家先听听凤云老师的故事。她在语文湿地的专栏叫《狗尾巴草专栏》，她为什么给自己取名叫狗尾巴草呢？

吴凤云：自毕业以来，我一直在一所僻远的乡村中学工作，到今年正好二十三年了。我们学校没有城里学校那样美丽的环境和先进的教学设备，更没有优质的生源。多年来，我们的操场都是细沙铺成的，开校会都是老师学生每个人带个马扎坐在操场上。近年来，我们才拥有了橡胶跑道。我们的学生全部都是农民工子女，有的还是留守儿童。家长的文化素质普遍不高，对孩子的教育不够重视，家庭读书氛围淡漠。因为我一直处在这样的环境中，所以并没有意识到自己是“井底之蛙”。直到我参加了语文湿地在宜昌的年会，见识了“高大上”的金东方学校和来自全国各地的语文同人，我才意识到，我和我的孩子们都是乡村大地上的狗尾巴草啊。回来以后，我心悦诚服地把我的专栏由《凤云专栏》改为《狗尾巴草专栏》。我相信，生命力顽强的狗尾巴草虽普通，但只要坚持，总会摇曳出教育的春天。

王　君：这就是凤云进行整本书阅读教研的大环境、大背景。发达地区的老师可能很难理解那样的艰难。但是我们来看看，近几年凤云的教研成果。凤云老师，不要谦逊，给大家介绍一下主要的吧！

凤　云：这几年，在王老师的引领和领导、同事的帮助下，取得了一点小成绩："爱的教育"获得市级优秀阅读指导课一等奖，"阅读，重在行动""阅读有法，成长有得"在市级会议上做经验交流，在区里做"阅读贵有法，成长恒有得"和《水浒传》整本书阅读教学策略的研究专题讲座，《钢铁是怎样炼成的》阅读指导课获得区级二等奖。"三种课型助力，名著阅读生根"在统编教材名著编写组和《中国教育报》的网络直播平台向全国老师进行直播。论文《名著阅读导读课初探》《名著阅读中的后进生转化策略》发表在《云南教育》，《中考名著复习四部曲》《当时只道是寻常》发表在《语文世界》，并有幸成为那一期封面人物，《关于整本书阅读教学的经验总结》发表在《中学语文教学参考》。即将出版自己的教育专著《吴凤云乡村中学整本书阅读教学案例》。

王　君：今年青春语文名师工作室的十二次研讨，凤云老师是唯一一个十二次全部都参加并且担任组长的老师。为什么？因为她聚焦整本书阅读研究之后成果最丰富，状态最昂扬。在这个领域，她已经成为小小专家。比如我们工作室的"文本特质与课型创新"研究，要在整本书阅读教学中落地，难度远远大于单文本教学和群文教学。凤云是所有老师中研究的视野最开阔，开发的课型最丰富的一位。大家看看她对《朝花夕拾》的研究成果吧！七种文本类型，她开发了六种，实在是非常了不起。

主题型文本设计：成长，“朝花”中最美的一朵

教学目标：

1.用表格梳理鲁迅先生的求学之路，归纳每次求学经历给他带来的思想转变，思考促使他成长的因素。

2.联结自身，融通自我体验，分享自己的成长故事，思考成长的真谛。

教学过程（片段）：

一、用鲁迅先生的名言“不满是向上的车轮”导入

二、梳理鲁迅的求学之路，悟成长之道

任务一：用表格梳理鲁迅的求学之路，思考每次求学经历带给他什么思想转变。

表12-1 “鲁迅求学之路”梳理表

篇目	精段呈现	思想转变

任务二：仿照示例给求学经历拟八字小标题，如“少年求学，得遇良师”。

任务三：结合原著，尤其是上面表格中求学经历的语段，我们可以看出鲁迅先生不断成长的过程，这个过程是个不断突破的过程。请用这样的句式说话：他原本可以______但是他_______。

生：他原本可以在家乡过着舒适的生活，但是他还想学习先进的

知识。

任务四：用这样的句式说一句话：如果没有________，就没有我们的大先生鲁迅。

生：如果没有一颗不满足的心，就没有我们的大先生鲁迅。

任务五：争鸣。从鲁迅先生的成长历程中，我们发现成长的因素有自己的进取心、外界环境的引领和激发等，你认为这两个因素哪一个对成长最重要？谈谈你的看法。

三、联结自己的生活和经历，思考自己是如何成长的

1.讲成长故事：在你的成长中，哪些因素曾影响过你？它让你产生了怎样的变化？跟大家分享一个成长故事。

2.悟成长之道：成长的路上，我们每个人都会有自我懈怠和遭遇挫折的时候，如果你的好朋友小明（或者自己）此时一蹶不振，你打算把《朝花夕拾》这本书送给他（或者自己），并且在扉页上写一段话来鼓励他（或者自己），你会怎样写？

师（小结）：法国作家罗曼·罗兰说，世界上只有一种英雄主义，就是看清生活的真相之后依然热爱生活。我们也可以改成，世界上只有一种英雄主义，就是看清成长的艰难之后依然热爱成长。鲁迅先生无疑就是一位这样的英雄，让我们向先生学习，既成长自己的知识，也成长自己的思想，更成长自己与逆境的战斗力，做一个逆风飞翔的勇士。

语用型文本设计：鲜明的对比，深刻的意蕴

教学目标：

聚焦书中的对比手法，了解对比的特点以及对比中表达的深刻意蕴。

教学过程（片段）：

一、导入

师：（出示鲁迅“横眉冷对千夫指，俯首甘为孺子牛”的照片）请同学们思考这副对联用了什么手法。

生：对比。

师：在对比中，你读出了一位怎样的鲁迅？

生：对敌人无情、对人民热爱的鲁迅。

师：是的，鲁迅先生不仅擅长用对比来形容自己，还擅长用对比来塑造人物形象、谋篇布局、表情达意等。今天，我们一起来上一节语用型文本的课，题目就叫：鲜明的对比，深刻的意蕴。

【屏显】

对比——把具有明显差异、矛盾和对立的双方安排在一起，进行对照比较的表现手法。运用这种手法，有利于充分显示事物的矛盾，突出被表现事物的本质特征，加强文章的艺术效果和感染力。

二、人物形象的对比

师：请大家看下面两组句子，看完后选择一组说说你在对比中认识了一位怎样的藤野先生。

【屏显】

第一组对比：同一个人的对比

（1）这藤野先生，据说是穿衣服太模胡了，有时竟会忘记带领结；冬天是一件旧外套，寒颤颤的，有一回上火车去，致使管车的疑心他是扒手，叫车里的客人大家小心些。

（2）原来我的讲义已经从头到末，都用红笔添改过了，不但增加了许多脱漏的地方，连文法的错误，也都一一订正。

第二组对比：不同人的对比

（1）日本报纸上很斥责他的不逊，爱国青年也愤然，然而暗地里却早受了他的影响了。其次的话，大略是说上年解剖学试验的题目，是藤野先生在讲义上做了记号，我预先知道的，所以能有这样的成绩。

（2）我便将这事告知了藤野先生；有几个和我熟识的同学也很不平，一同去诘责干事托辞检查的无礼，并且要求他们将检查的结果，发表出来。

生：我选择第一组对比，在对比中我认识了一位不拘小节却治学严谨的藤野老师。

生：我选择第二组对比，在对比中我认识了一位有正义感、没有民族偏见的藤野先生。

师：在对比中，你读出了作者的哪些情感？

生：对藤野先生的敬重和感激之情。

师：运用对比抒发情感、表达观点，在这本书中还有哪些表现？请同学们找出并学习体悟。

三、书名中有对比

师：《朝花夕拾》原名《旧事重提》，题目中的“朝”比喻人生年轻的时候，“夕”比喻人生的晚年。人年轻时候的经历在晚年回忆起来，还散发着淡淡的清香。书名中的哪两个字形成对比？

生：“朝”与“夕”。

师：在“朝”与“夕”的对比中，你读出了什么？

生：我读出了作者对童年生活的怀念。

师：结合小引中的写作背景再思考，你还读出了什么？

生：在“朝”与“夕”的对比中，我读出了童年生活的美好与现实的残酷。

四、结构布局有对比

师：《朝花夕拾》里收录了十篇散文，大家看目录，从哪个题目中你可以猜测出文章写了两部分？

生：《从百草园到三味书屋》。

五、情感变化有对比

师：在这本书里，有一个人，鲁迅用浓墨描绘她，刚开始讨厌她，后来敬佩感激她，这个人是谁？

生：长妈妈。

六、价值取向有对比

师：鲁迅先生是个爱憎分明的人，从他的爱恨里可以看出他的价值取向，比如仇猫与爱鼠、讽人与赞鬼。

七、主题思想有对比

师：《朝花夕拾》里有十篇散文，现在老师建了两个群，分别是“温馨的回忆群”和“理性的批判群”，请大家依据群名把文章放到不同的群里去。

师（总结）：同学们，这节课我们学习了对比手法的特点及其在《朝花夕拾》这本书中的作用，在对比中，书中的人物形象更加鲜明，结构布局更加明晰，主题思想更加深刻。这就是对比的魅力，让我们的人生也呈现出不断告别旧我，走向新我的对比吧。

诵读型文本：读出“朝花”中的那一缕清香

教学目标：

1.整体概读，了解写作背景和全书概貌。

2.通过各种形式的诵读，读出童年生活、亲情友情、乡土之情带给作者坎坷人生的闲静。

教学过程（片段）：

一、读小引，了解写作背景和全书概貌

此环节运用王君老师的“整容”诵读法朗读小引中“我有一时……使我时时反顾”。

二、读出先生对童年生活的珍爱

此环节运用师生合作写课文诗朗读法整合书中的童趣。

三、读出先生对亲情友情的珍视

此环节聚焦“伟大”，分别用猜读、改编剧本演读、师生分角色朗读等方式，读出鲁迅对长妈妈和藤野先生的感激与怀念之情。

四、读出先生对乡土之情的珍惜

此环节引导学生跳读相关篇目，说读无常形象。

师（总结）：同学们，《朝花夕拾》作为统编教材推荐给初中生阅读的第一部名著，我不知道为什么会有那么多人喜欢它。也许是因为它里面有绚烂多姿的写作技巧，也许是因为它里面有真挚动人的亲情、友情，也许是它展现了鲁迅故乡的风土人情吧。总之，我相信大家也会越来越喜欢它，那就让我们趁着美好年华好好阅读吧。

跳板型文本：阿长架起“单篇”与“整本”的桥梁

教学目标：

1.通过演读、跳读，了解阿长形象。

2.通过细读文本，感受阿长对“我”的深远影响。

3.通过精读文段，体会作者对阿长的深情。

教学过程（片段）：

一、走进文本，初识阿长形象

任务一：男女生演读《从百草园到三味书屋》中长妈妈讲故事。

师：从刚才的演读中，你觉得阿长带给童年鲁迅什么影响？

师：阿长带给鲁迅先生的影响是多方面的，并且长达一生，在她与鲁迅先生分别三十多年后，鲁迅先生又特意写了一篇《阿长与〈山海经〉》来怀念她。不仅如此，在《朝花夕拾》这部散文集里，鲁迅先生在几篇文章里多次提到了阿长，是这本书里着墨最多的一个人物。接下来，我们就到这本书里去，从多方面来了解一下阿长。

任务二：阅读《阿长与〈山海经〉》《狗·猫·鼠》《五猖会》《二十四孝图》四篇文章，筛选出写阿长的语句，做一点批注，用“从________中，我读出了一个________的阿长”的句式说说对阿长的印象。

二、细读文本，体会阿长对“我”的影响

阿长是“我”的保姆，但是她在鲁迅先生的生命里，显然已超过了保姆与雇主的感情，细读上面五篇文章，用“阿长是我的保姆，更是我的______，理由是______”的句式说说阿长与“我”的关系，体会阿长对“我”的影响。

生：阿长是“我”的保姆，更是“我”没有血缘的妈妈，理由是她用自己的工钱几经波折给“我”买来《山海经》。

三、精读片段，品味作者深情

原文：我的保姆，长妈妈即阿长，辞了这人世，大概也有了三十年了罢。我终于不知道她的姓名，她的经历；仅知道有一个过继的儿子，她大约是青年守寡的孤孀。

改文：我的保姆阿长，辞了这人世，大概也有了三十年了罢。我终于不知道她的姓名和经历，仅知道有一个过继的儿子，她大约是青年守寡的孤孀。

朗读以上原文和改文，思考哪一个好，好在哪里。

四、朗读结课，共写阿长之歌

她是我软弱时的力量

她是我风雨中的港湾

她是我迷惘时的灯塔

她，就是我的长妈妈

我精神家园里的最耀眼的星星

我生命里常开不败的花

（带领学生朗读结课，让课堂在琅琅书声中结束。）

写作型文本：跟鲁迅先生学写人

教学目标：

1.品鉴原著中运用的多种写作手法，明确写人物的几种方法。

2.把握人物外在特点和内在精神之间的关系，并尝试运用所学方法写作练笔。

教学过程（片段）：

一、导入

同学们，我们七上第三单元写作指导是《写人要抓住特点》，今天我们就走进《朝花夕拾》这本书，跟鲁迅先生学学怎样写人能抓住人物特点，怎样写人既能描摹人物外形特点又能刻画人物精神特征。

二、白描手法绘其形

1.观察：下面有一组句子，看看有什么不同。

（1）他是一个高而瘦的老人，须发都花白了，还戴着大眼镜。

（2）他是一个又高又瘦的老人，像百草园角门旁那株清瘦的竹子；须发都花白了，比雪后在百草园捕到的白头翁的羽毛还要白；还戴着一个圆框的大眼镜，显出很有学问的样子。

2.探究：到原著中再找一找，作者描写谁的外貌也用了白描手法。

3.运用：运用白描手法口头描绘一位老师，请大家猜猜你描绘的是谁。

三、典型细节刻其神

任务：模仿示例，用赏析式批注法对书中的典型细节做一点批注。思考细节描写对刻画人物精神的作用。

四、写作手法衬其品

通过男女生对比朗读阿长片段和演读藤野先生片段让学生明白，借助欲扬先抑、正面描写与侧面描写相结合等写作手法，揭示和凸显人物品格。

五、议论抒情来点睛

通过朗读、仿写等手段引导学生理解文章结尾的议论抒情句子的作用。

六、牛刀小试来练兵

观察疫情防控期间的一幅图片，运用所学的方法为图片中的白衣天使写一段文字。

思辨型文本：民俗，"朝花"中最矛盾的一朵

教学目标：

1.通过整合、归纳、分析，了解鲁迅对故乡民俗的两种态度。

2.思辨鲁迅矛盾情感背后深沉的民族责任感，思考当代该如何传承民俗文化。

教学过程（片段）：

一、用民谚导入

头伏饺子二伏面，三伏烙饼摊鸡蛋。

二、健康民俗与病态民俗

任务一：用表格梳理书中描写民俗的章节和内容，以及鲁迅对这种民俗的情感倾向。

任务二：根据鲁迅先生的情感倾向给上面的民俗分类，并画一张简单的思维导图。

三、热爱民俗与批判民俗

任务一：假如你是鲁迅先生，选择你喜欢的形式表达对健康民俗的热爱。

任务二：对于故乡中的一些病态民俗，鲁迅先生表达出厌烦的情感，在原著中找出表达这种情感的句子，读一读。

思考： 鲁迅先生如此“不耐烦”故乡的这些民俗，能否表示他不热爱自己的故乡？

任务三：鲁迅先生对于民俗的回忆和情感，不管是喜爱还是厌烦，哪一个最能引起你的共鸣？跟大家分享一下吧。

四、传承民俗与废止民俗

任务一：小辩论。当今时代，社会飞速发展，尤其是有些洋节越来越受到年轻人的追捧，你认为该传承民俗还是废止民俗？结合读这本书的体会和对传统文化的认识谈谈自己的观点。

任务二：小演讲。主题是“我们的民俗我们爱”。

要求：内容具体，主题积极向上；声音洪亮，仪表端庄；演讲时间，每人一分钟左右。

师（总结）： 同学们，通过本节课的学习，我们发现了鲁迅先生对故乡民俗的矛盾心态，他时而欢欣明快，时而又失望不耐的笔调，实际上是他一贯的“不虚美不隐恶”之文风的体现。在这种矛盾的心态中，我们看到了一位头脑冷静、思想深邃的作家，看到了一个有民族觉醒、有担当的战士，同时，我们也思考了矛盾背后隐藏的深情，知道了当代传承民俗的重要性。希望大家学习鲁迅先生的精神，用心呵护我们的民俗文化。

王　君： 读完之后，大家应该很有话说吧！大家先从学术的角度，议一议她的这些教学设计。

李红玲： 一部“朝花”六种课型，多角度的创新设计让人眼界大开。凤云老师将文本特质与名著阅读完美结合，一种设计聚焦一点深耕细作，全面剖析作品中的思想价值、美学价值与艺术价值，读完给人一种朝花灿烂、美不胜收之感。

刘国兰：凤云老师的诸多课型的设计，给老师们上整本书阅读课提供了新的思路：同书异构，一书多案，从多个视角聚焦，深入走进一本书。更能帮助学生打破思维的禁锢，将认知、感悟、思辨进行重组，在阅读中打通了“学法”与“生命、生活”之通道，获得一种全新的体验。

苏　丽：我从凤云的教学设计中看到了“一书多案”带给凤云的改变。一书多案，即教者对同一本书从不同的角度、用不同的课型来设计不同的教学方案。这最能体现教师对整本书的研读能力，能展现老师灵动的思维方式，也是一种很好的发展自己的方法。一书多案，应成为我们自觉的追求。

邓　颖：六种设计从不同角度对原作进行解读和诠释，却又不局限于原作，而是把光芒引向学生的个体成长。在诵读与创写、比读与思辨、体悟与辩论中，使学生得到了语言的训练、思维的发展、审美的提升以及传承传统文化的能力。

李亚平：凤云老师用丰富的教学策略将多课型意识落到实处。比如主题型文本设计，她用作者鲁迅名言导入、表格梳理、拟标题概括、支架式解旨、争鸣式拓深、荐书式悟道、联我式内化，真正体现了课堂设计的手段灵活、步步为营，简洁实用，极有实战价值和参考意义。

孔祥华：吴老师一“朝花”开六朵课型，深度建构，架起单篇与整本的桥梁，引领学生有效“聚焦”，教学凸显阅读与提取齐飞、比较与整合共美、思辨与创新并辉，有一树桃花千朵红之美，体现了独特的阅读育人价值。如切如磋如琢如磨！

王　君：我想采访一下凤云，在持续进行整本书阅读研究的过程中，你遇到了哪些困难？

吴凤云：第一个困难是学生不爱读书，也不会读书。近年来，电子产品的危害也波及了农村，很多孩子不是手不释卷，而是“手不释机”。为了营造班级读书氛围，提高孩子们的读书兴趣，我做了很多尝试：课前讲名著、读书交流会、晒书架、读书手抄报评比、做书签……但最大的困难不是学生不会读，而是老师不会教。有的名著我不会教，怎么办？出去学习的机会是很少的，于是我就订阅了大量的语文杂志和整本书阅读方面的书籍，拜书籍为师，以获得教育智慧。

王　君：真是让我感慨！突破学术研究的瓶颈，自会迎来专业成长的飞跃。从生命成长的角度，大家又有哪些领悟呢？

李亚平：凤云老师的整本书阅读设计把师生双方生命视野从单篇的孤立狭隘和课堂学习的狭小天地中拯救出来，使我们看到了更广阔的语言世界，更丰富的人生姿态，从而发现语言即人间，天地即语文，语言即时代，生命即文章。其赋予师生更博大、更智慧、更进取、更热爱的生命状态。

孔祥华：吴老师自命狗尾巴草，却经由整本书阅读教学，突破成长之困，实现思想突围、教学突围、人生突围，在偏僻乡村开出美丽的花。我也要循梦而行，向阳而生，有变逼仄为宏阔的格局，化顿悟为涅槃的勇气，求自我成长的“突围”超越。

李红玲：曾经的我在语文教学中是眉毛胡子一把抓，取舍难断。是青春语文这柄神奇的电钻给我捅开了“智慧天眼”，让我在语文教学中拨开迷雾重见光明。聚焦意识又让我获得生命成长的大彻大悟。静水流深千翻涌，东风不语百花红。

刘国兰：从农村中学进入县城中学，再走进教研室，也曾困惑，也曾迷茫，但一直在坚持，而今走进语文湿地，一个个语文人带给我的是震撼，这将会开启我新的语文天地：“聚焦”——研而有教，“聚焦”——学而有法。这将是我前行的那一道光。

苏　丽：身为乡村教师，我们与其抱怨，不如坚韧，向凤云学习，自设艰苦的专业训练场；与其沮丧，不如耕耘，向凤云学习，在研究中发现创新的大天地，每天都因有新发现而兴奋。

邓　颖：天下好书，读之不尽；身边感动，书之不尽。人生苦短，一个教师的职业生涯更如白驹过隙，所以无论读写或专业研究，都要有聚焦意识。拨开语文教学的层层迷雾，让梦想的小舟朝着那明亮的焦点驶去，定能沐浴璀璨的光芒。

王　君：整本书阅读教学是凤云老师的教研高度。教研高度垫高了凤云老师的生命高度。因为有了这块阵地，她真的已经不是狗尾巴草了。在有近13万人关注的语文湿地中，她早已是万众瞩目的女神级老师，在我们人才济济的工作室，她也被大家喜欢和尊敬。老师们，打败我们的，永远不是我们并不如意的生活环境和工作环境。成就我们的，永远是我们持之以恒进行聚焦研究的耐心和毅力。最后，请大家每人说一句话，鼓励我们自己吧！

李亚平：整本书阅读是大时代给予语文教学的应然命题。以大破小，以整破碎，从而为语文立心，为学生立能，为国家立才，为时代立意。

孔祥华：只要一点点去聚焦，一步步去行动，成功一定会水到渠成。新的一年，愿如风云一样，以平凡开头，以美丽结尾。

李红玲：紧随青春语文找准聚焦方向，用青春之心唤醒青春之身，让读写为青春生命插上腾飞翅膀，在语文世界自由飞翔！

刘国兰：今年最美的遇见是和青春语文的朋友们的相遇，感恩；新的一年憧憬与湿地语文人一起探寻语文之奥秘，坚持。

苏　丽：新的一年，愿自己更加珍惜四十岁的青春，前行路上，明知艰难，也要跋涉；明知辛苦，也要步步向前。我坚信，山的那一边，是蔚蓝的海洋。

邓　颖：如果说之前的徘徊是个人的矫情，现在的犹豫则是基于更高梦想和自我定位的审慎。下一站的名字，叫“坚定”。

王　君：祝愿大家在新的一年继续探索自我，研究自我，寻找到适合自己的聚焦研究点，去不懈攀登，去打通教法和活法。祝愿每一个人，都经由语文教学，实现自己生命的突围，经由语文，见自我，见天地，见众生。

“文本特质与课型创新”系列研讨的老师名单

（按姓氏首字母排序）

陈海波	江苏省徐州市大学路实验学校
陈海亮	浙江省温岭市第三中学
陈建红	重庆市渝北区实验中学
陈　荔	广西贺州市青少年学生校外活动中心
陈忠文	浙江省杭州市滨江区教育科学研究院
邓　颖	安徽省蚌埠市铁路中学
丁慧真	广东省佛山市顺德区乐从中学
何培培	陕西省西安市第二十六中学
何庆华	安徽省安庆市怀宁县振宁初级中学
胡金辉	广东番禺中学附属学校
孔祥华	山东菏泽牡丹区二十一中学
雷　娟	陕西省渭南市铁路自立中学
李红玲	河南省安阳市内黄县实验中学
李亚平	山东省济宁高新区杨村煤矿中学
梁海燕	浙江省温岭市第三中学
林俊华	杭州市翠苑中学教育集团翠苑校区
刘国兰	江西省抚州市南丰县教研室
卢望军	湖南省长沙市怡雅中学
陆　艳	广东省东莞市松山湖清澜山学校
罗云斌	浙江省温岭市第三中学
马耀辉	安徽省淮南市潘集工程技术中等专业学校
欧阳艳	湖南省湘潭市益智中学
时慧慧	山西省晋城市晋城爱物学校

史丽芬　山西省晋城市晋城爱物学校
司艳平　广东省东莞市松山湖清澜山学校
苏　丽　贵州省北京师范大学贵阳附属学校
孙秋备　河南省许昌市襄城县斌英中学
王　君　广东省东莞市松山湖清澜山学校
王俊芳　江苏省丹阳市华南实验学校
吴凤云　河北省秦皇岛经济技术开发区深河中学
夏海芹　广东省东莞市松山湖清澜山学校
熊　幸　广东省广州市番禺区洛溪新城中学
徐方方　安徽省合肥市第三十八中学
严文君　江苏省镇江市伯先中学
杨晶晶　重庆外国语学校
杨军宗　广东省东莞市松山湖清澜山学校
杨　青　山东省滕州市第三中学
俞春霞　广东省东莞市松山湖清澜山学校
张爱林　山西省太原新希望双语学校
张建才　温州市龙湾区外国语学校
张　娟　广东省东莞市海德双语学校
张立明　北京市海淀区清华大学附小清河分校
章国华　浙江省台州市路桥区第二中学
郑　丹　安徽省安庆市怀宁县振宁初中
郑燕璇　广东省汕头市潮南区砺青中学
周忠玉　江苏省盐城市射阳县初级中学

图书在版编目（CIP）数据

王君整本书阅读十二讲 / 王君著. 一长沙：湖南人民出版社，2023.3
ISBN 978-7-5561-3036-8

I. ①王… II. ①王… III. ①阅读课一教学研究一初中 IV. ①G633.332

中国版本图书馆CIP数据核字（2022）第160850号

王君整本书阅读十二讲

WANG JUN ZHENG BEN SHU YUEDU SHI ER JIANG

著　　者：王　君
出版统筹：陈　实
监　　制：傅钦伟
产品经理：冯紫薇
责任编辑：张玉洁
责任校对：唐水兰
特邀编辑：刘　艺
封面设计：刘　哲

出版发行：湖南人民出版社有限责任公司［http://www.hnppp.com］
地　　址：长沙市营盘东路3号　　邮编：410005　　电话：0731-82683357

印　　刷：长沙市雅捷印务有限公司
版　　次：2023年3月第1版　　印　　次：2023年3月第1次印刷
开　　本：880 mm × 1230 mm　1/32　　印　　张：7.75
字　　数：170千字
书　　号：ISBN 978-7-5561-3036-8
定　　价：52.00元

营销电话：0731-82683348（如发现印装质量问题请与出版社调换）